KB253331

그들은 이렇게 부자가 되었다

SECRET

부자들이 숨기고 싶은 14가지 비밀

그들은 이렇게 부자가 되었다

초판 1쇄 2013년 3월 29일

지은이 | 오유식
펴낸이 | 채주희
펴낸곳 | 해피&북스
출판등록 | 제10-1562호
주소 | 서울시 마포구 신수동 448-6
출판등록 | 제10-1562호(1985.10.29)
전화 | Tel. 02-323-4060, 02-322-4477
팩스 | Tel. 02-323-6416
이메일 | elman1985@hanmail.net

ISBN 978-89-5515-477-1
값 12,000원

그들은 이렇게 부자가 되었다

오유식 지음

해피 & 북스

저도 한때 목회를 하다가 그만둔 후 사업에 투자해서 손해를 본 적이 있었습니다. 그래서 IMF 때 무료 창업 세미나에 참석하게 되었고, 그곳에서 많은 도전을 받았습니다. 지금도 많은 분들이 투자를 하고 있고, 또는 투자를 준비하고 있는 분들이 많이 있을 줄 압니다. 그분들에게 이 책을 권하고 싶습니다. 왜냐하면 우리가 투자해서 실패하는 이유 중 대부분은 믿음이 부족하고, 기도가 부족하고, 성령충만 하지 않아서가 아니라 투자의 원리와 방법을 몰라서 실패하는 경우가 더 많기 때문입니다.

저는 그동안 기독교 분야에서 기독교인이 기독교인에게 실패하지 않는 투자에 대한 원리를 가르쳐 주는 책을 기다려 왔습니다. 그러나 아무리 기다려도 그런 책이 나오지 않았습니다. 그래서 할 수 없이 부족하지만 목사인 제가 그동안 강의해오던 내용과 또한 부자들에 관해 읽은 책들을 정리하여 이렇게 내놓게 되었습니다.

　이 책에는 세계적인 부자인 석유 왕 록펠러, 호텔 왕 콘래드 힐튼, 백화점 왕 존 워너 메이커와 월마트의 샘 월튼, 투자의 귀재 워렌 버핏, 마이크로소프트사의 빌 게이츠, 그리고 한국의 부자들의 투자원리와 방법을 다루고 있습니다. 부자들의 생생한 투자방법에 대한 증언을 이 책에서 듣게 될 것입니다. 그들이 무엇에, 어떻게 투자했으며, 무슨 생각과 방법으로 투자했는지 구체적으로 살펴보았습니다. 한 마디로 이 책에서는 부자들의 투자 방법을 숨김없이 소개했습니다. 제가 「이젠 돈 걱정 끝」이란 책을 통해 물질에 대한 이해와 영권과 인권과 물권을 갖고 번제를 드리면 진짜 돈 걱정이 끝난다고 했는데, 이 책에서는 지혜롭게 재정을 관리하고 투자하는 방법에 대하여 구체적으로 다루고 있다고 보면 될 것입니다.

　이 책이 나오기까지 수고를 아끼지 않은 사랑하는 아내에게 진심으로 다시 한 번 감사를 드립니다.

| 차례 |

이 책을 보시기 전에 저의 책 「나는 기도응답을 100% 받고 있다」와 「이젠 돈 걱정 끝」, 「한국의 탈무드」, 「암과 아토피와 성인병은 더 이상 불치병이 아니다」 라는 책을 먼저 읽어 보셨으면 합니다. 그러면 기도응답을 받는 데 많은 도움을 받을 뿐만 아니라 성경을 깊이 이해 할 수 있을 것입니다.

1. 이젠 진짜 돈 걱정을 끝내자

번제는 돈 걱정을 끝낼 수 있는 확실한 방법이며 핵심입니다.

왜냐하면 이 번제를 통해 해결되지 않은 문제들이 거의 없기 때문입니다. 어떤 분은 번제 헌금을 드려 27세 때부터 끼던 안경을 50세에 벗어 던졌고, 16세에 정신병에 걸린 사람이 번제를 드리고 나서 20년 만에 치료되는 기적이 일어났습니다. 또한 그린벨트 지역으로 묶여 건축할 수 없는 기도원이 번제를 드린 후 허가가 떨어져 건축할 수 있었고, 그 외에도 많은 불치병과 막혀 있던 물질의 문제가 해결되었기 때문입니다.

어떤 분은 부모님과 30년 가까이 등을 진 채 왕래가 끊어졌는데, 번제를 드려 그 부모에게서 16억이라는 재산을 상속받았고, 공무원이셨던 어떤 분은 더 이상 진급이 불가능했을 때 번제를 드려 동장으로 발령을 받았습니다. 또 어떤 분은 많은 돈을 빌려주고 받지 못해 많은 어려움을 겪었는데, 번제 예물을 드리고 채 두 달도 되기 전에 몇 년 동안 받지 못했던 돈을 다 받기도 하였고, 또 어떤 분은 자녀가 하는 사업이 잘 되지 않아 번제를 드렸는데, 그 후 사업이 번창하여 눈코 뜰 새 없을 정도가 되기도 했습니다. 또 어떤 분은 자녀가 경찰서장 운전기사가 되기를 원해 번제를 드렸는데 불가능해 보였던 운전기사가 되기도 했습니다. 또 어떤 분은 몇십 년 동안 불면증에 시달려 밤이 오는 것을 두려워했는데, 번제를 드리기로 작정하고 번제를 드리고

부터 단잠을 잘 수 있었습니다. 그분의 말로는 번제를 작정해서 드리고 나니까 100마리도 더 되는 귀신이 자기에게서 떠나는 기적을 체험했다고 합니다.

저희 교회는 여러 목사님들을 초청하여 영성 집회를 자주 열고 있습니다. 그러다 보니 강사 목사님들의 권유로 주의 종들이나 성도들이 헌금을 작정하게 됩니다. 그런데 특이한 사실은 똑같이 작정을 했어도 작정헌금을 드리는 분들과 드리지 않는 분들이 있습니다. 그런데 그 작정 헌금을 하시는 분들을 보면 거의 다 주의 종들입니다. 다시 말해 주의 종들은 작정을 하면 거의 다 작정한 대로 물질을 드립니다. 그런데 이상하게도 성도들은 그렇지 않습니다. 예를 들어 성도들 가운데에는 10명이 작정을 하면 4명 정도만 작정한 헌금을 드립니다.

그런데 신기하게도 작정을 하고 그 약속을 지키지 않는 분들의 몇 년 후 삶을 보게 되면 사업 하시는 분들은 적자를 면치 못해 시들시들하다 문을 닫고, 부도가 나고 어떤 이는 병마에 시달립니다. 그래서 성경을 통해 그 원인을 분석해보았습니다. 시 15:1에서 다윗은 말합니다. "주의 성산에 사는 자 누구오니이까?" 다시 말해 복을 받을 자가 누구냐는 것입니다. 그러면서 다윗은 시 15:4을 통해 말합니다 "그의 마음에 서원(작정)한 것은 해로울지라도 변하지 않는(지키는) 자" 라고 말입니다. 다시 말해 마음에 작정한 것은 해로울지라도 지키는 자, 그가 복을 받는다는 것입니다. 그래서 작정을 하고 그 약속을 지키지 않는 분들이 결국 인생의 장애물을 만난다는 사실을 알게 되었습니다.

　신명기 23:21을 보면 "네 하나님 여호와께 서원하거든 갚기를 더디하지 말라 네 하나님 여호와께서 반드시 그것을 네게 요구하시리니 더디면 네게 죄가 될 것이라" 하며, 하나님은 우리가 작정한 것에 대하여 반드시 갚을 것을 요구하신다고 했습니다. 또한 신명기 23:23을 보면 "네 입으로 말한 것은 그대로 실행토록 유의하라 무릇 자원한 예물은 네 하나님 여호와께 네가 서원하여 입으로 언약한 대로 행할지니라" 하며, 작정한 예물은 반드시 언약한 대로 행하라고 했고, 시편 76:11을 보면 "너희는 여호와 너희 하나님께 서원하고 갚으라 사방에 있는 모든 사람도 마땅히 경외할 이에게 예물을 드릴지로다" 하며, 서원을 했으면 갚으라고 했습니다. 잠언 20:25을 보면 "함부로 이 물건은 거룩하다 하여 서원하고 그 후에 살피면 그것이 그 사람에게 덫이 되느니라" 하며, 서원해놓고 갚지 않으면 그것이 후에 발목을 잡는 올가미(장애물)가 된다고 공동번역 성경에서는 해석하고 있습니다. 이렇게 성경은 감동이 온다고, 강요한다고 함부로 작정하지 말라고 했습니다. 시편 51편에서 다윗은 마음만 먹어도 그것은 작정이 된다고 했습니다. 그러므로 우리는 작정을 하면 반드시 지켜야 합니다. 그래야 그것이 올무가 되어 일을 그르치지 않게 됩니다. 이 사실을 알기에 주의 종들은 작정을 하면 거의 100% 다 지킵니다.

그러나 이런 사실을 모르는 성도들은 작정을 해놓고 지키지 않습니다. 그들은 이것이 자기 인생의 발목을 잡는 아킬레스건이 된다는 사실을 모르는 것입니다. 성도들 중에는 작정을 해놓고 후에 부담이 되어 제게 상담을 요청해 오는 경우가 있습니다. 그때 저는 시험에 들지 않도록 "감동대로 하세요"라고 말하지만, 사실은 감동대로 헌금하는 것이 아니라 말씀대로 해야 하는 것이며, 또한 작정했으면 작정한 대로 행해야 하는 것입니다. 사도 바울도 행 18:18에서 작정을 지키기 위해 겐그레아에서 머리를 깎았다고 하였습니다. 이와 같이 바울 사도도 작정을 가볍게 취급하지 않고 반드시 지켰던 것 같이 우리도 작정을 했으면 반드시 지켜야 합니다. 그래야 복이 우리에게 임하게 됩니다.

어느 날 나폴레옹이 타던 말이 도망쳤습니다. 그때 어느 날쌘

병사가 도망간 말을 붙잡아 왔습니다. 나폴레옹은 애지중지하던 말을 찾게 되자 매우 감격해 엉겁결에 그만 실수로 이렇게 말했습니다. "고맙다. 대위!" 그 말을 들은 병사는 눈이 휘둥그레졌습니다. 자기는 병사인데 장교로 불러 주었기 때문입니다. 그는 얼른 경례를 붙이면서 "감사합니다. 장군님!" 하고는 즉시 사병 막사로 가서 짐을 챙겨 장교 막사로 옮겼습니다. 그리고 낡은 병사 군복을 벗어버리고 대위 군복으로 갈아입고 다시 나폴레옹 앞에 나타났습니다. 그리고 말하길 "장군님! 명령대로 즉시 실행했습니다." 나폴레옹은 깜짝 놀랄 수밖에 없었습니다.

비록 실수였지만 나폴레옹은 말에 대한 책임을 지기 위해 "대위, 정말 멋있다. 앞으로 더 잘하기 바란다"며 그를 대위로 인정해 주었습니다. 이와 같이 한 번 뱉은 말은 주워 담을 수 없습니다. 나폴레옹도 실수로 한 말에 책임을 진 것 같이, 우리도 하나님께 작정을 했으면 비록 작정한 것이 실수였다 할지라도 반드시 책임을 지라고 성경은 말하고 있습니다. 그래야 그것이 우리 인생에 발목을 잡지 않게 됩니다.

번제를 드리기로 작정하고 행하자 불면증에서 해방되었다고 한 것 같이 우리도 작정을 했으면 지켜야 합니다. 그러면 틀림없이 엄청난 역사가 나타납니다. 또 번제를 하나님께 드리고부터 교회가 부흥되었고, 물질적인 어려움을 겪지 않았다고 하시는 목사님들을 여러 분 만났습니다. 「이젠 돈 걱정 끝」이라는 책에 기록되어 있듯이 공중분해 되기 직전의 우리 교회가 번제를 드리고 나서 4년 동안 약 1억 6천만원이 들어왔고, 교회는 계속 부흥되는 역사가 일어났습니다. 저는 이 번제의 능력을 알기에 매년 1월에 번제를 드립니다. 그러면 물질적인 어려움을 겪지 않게 됩니다.

오늘날 목회뿐 아니라 경제 상황이 좋지 않아 사업 하시는 분들도 얼마나 힘들고 어려움이 많은지 모릅니다. 그래서 자칫하면 부도나고, 망하는 일들이 비일비재합니다. 그런데 번제를 드리고 사업을 한다거나 목회를 하면 아무리 불경기일지라도 개척하기 힘들고 전도가 어려운 때일지라도 망하는 일이 거의 없습니다. 아니 망하더라도 다른 사람들은 원금까지 날려 버리지만, 번제를 드리고 사업을 하는 사람들은 그 원금이 보장된다는 것입니다. 간혹 번제를 드리고 망하는 분들도 있고, 일이 풀리지 않는 분들도 있지만 보편적으로 번제를 드리고 잘못되는 경우는 드뭅니다.

번제를 드리고도 간혹 일이 잘 풀리지 않는 분들의 이야기를 들으면 고민이 됩니다. 그래서 왜 그 사람들은 문제가 해결되지 않느냐고 성령님께 질문하며 기도했습니다. 그러자 성령님께서 영감으로 말씀하시길, 그들은 번제를 드리는 동기가 잘못되었다고 했습니다. 다시 말해 그들은 문제 해결을 위한 목적의 번제가 아니라 회개의 번제를 먼저 드려야 하는데, 회개의 번제를 드리지 않고 문제 해결을 위한 번제만을 드렸기 때문입니다. 다시 말해서 번제를 드리는 분들 중에는 자기가 하나님께 드려야 할 온전한 십일조를 드리지 않거나, 하나님께 의논하지 않고 마귀에게 현혹되어 문제를 만들어 놓고, 그냥 문제 해결의 번제만을 드렸기 때문이라는 것입니다. 그래서 문제가 해결되지 않는 것입니다. 그러므로 번제 헌금을 드릴 때에는 먼저 회개의 번제를 드리고, 그 다음에 문제 해결을 위한 번제를 드려야 합니다. 또한 회개의 번제를 드린 분들 중에 영안이 열렸다는 분들도 만나 보았습니다. 그러므로 번제를 드리되 회개의 번제를 먼저 드리고 나서 문제 해결의 번제를 드렸으면 합니다. 그러면 아마 번제를 드리고 문제를 해결 받지 못하는 분들은 없을 것입니다.

번제를 드리면 보통 빠른 분들은 그 즉시 응답이 나타나기도 하지만, 대부분은 4개월부터 역사가 나타나 약 4년 정도 그 역사가 계속됩니다. 이런 번제의 역사하심과 기간을 알기에 저는 매년 첫 달에 번제를 주기적으로 드리고 있습니다. 그러므로 여러분들도 이렇게 번제를 매년 첫 달에 주기적으로 드렸으면 합니다. 또한 비둘기 번제가 있습니다. 이 비둘기 번제는 번제를 드렸음에도 불구하고 계속 문제가 해결되지 않으면 그 문제가 해결 될 때까지 매달 작정하여 계속 드리는 헌금을 말합니다.

이렇게 번제를 드리면 기도해도 안 되고, 금식해도 안 되고, 전도해도 안 되고, 사업을 해도 안 되고, 질병을 위해 기도해도 안되던 문제들이 해결되기 시작합니다. 또한 울어도 안 되고 사면초가와 같이 막혀 있던 길이 열리기 시작합니다. 그래서 저는 모든 문제 해결의 대안이 번제라 주장합니다.

2. 번제는 주님이 명령하신 예물이다

제가 번제에 대하여 강의를 하다 보면, 어떤 분들은 번제는 구약에 기록된 말씀이니 폐하여진 것이 아니냐고 묻는데, 번제는 폐하여진 것이 아닙니다. 왜냐하면 마 8:1-4을 보겠습니다.

마 8:1-4 예수께서 산에서 내려오시니 수많은 무리가 따르니라 한 나병환자가 나아와 절하며 이르되 주여 원하시면 저를 깨끗하게 하실 수 있나이다 하거늘 예수께서 손을 내밀어 그에게 대시며 이르시되 내가 원하노니 깨끗함을 받으라 하시니 즉시 그의 나병이 깨끗하여진지라 예수께서 이르시되 삼가 아무에게도 이르지 말고 다만 가서 제사장에게 네 몸을 보이고 모세가 명한 예물을 드려 그들에게 입증하라 하시니라.

주님은 치료받은 나병환자에게 말씀하시길 모세가 명한 예물을 드리라고 하셨기 때문입니다(4절). 여기에서 모세가 명한 예물이란 6가지를 말하는데, 그것은 십일조와 소제와 화목제와 속죄제와 속건제와 번제를 말합니다. 만약 이 법이 폐하여졌다면 주님은 분명히 모세가 명한 예물을 드릴 것을 명하지 않았을 것입니다. 그런데 주님은 지금 나병에서 치유 받은 자에게 너는 가서 모세가 명한 예물을 드리라고 하십니다. 주님이 모세가 명한 예물을 드리라고 하심같이 우리가 알 수 있는 것은, 모세가 명한 6가지 예물은 지금도 엄연히 그 의미가 살아 있다는 것입니다.

이렇게 주님께서 모세가 명한 예물을 드리라고 하시는데 왜 우리는 그것을 무시하고 등한시하고 터부시하느냐는 것입니다. 그러므로 번제를 드리는것은 모세가 명한 예물을 드리는 행위요 결코 잘못된 것이 아닙니다. 만약 모세가 명한 예물을 드리면 안 된다고 한다면 우리는 십일조도 해서는 안 되고, 감사예물을 드려서도 안 되고, 회개예물도 드려서는 안 됩니다. 왜냐하면 이 예물들은 바로 모세가 명한 6가지 예물이기 때문입니다.

또한 주님도 번제를 드렸고, 주님의 육신의 부모도 번제를 드렸습니다. 눅 2:22-24을 보면 "모세의 법대로 정결예식의 날이 차매 아기를 데리고 예루살렘에 올라가니 이는 주의 율법에 쓴 바 첫 태에 처음 난 남자마다 주의 거룩한 자라 하리라 한 대로 아기를 주께 드리고 또 주의 율법에 말씀하신 대로 산비둘기 한

쌍이나 혹은 어린 집비둘기 둘로 제사하려 함이더라” 했는데, 주님의 부모가 예수님을 대신해 집비둘기 둘로 제사를 드렸다고 기록되어 있기 때문입니다. 여기서 제사는 번제를 말합니다.

창 22:13을 보면 아브라함은 이삭을 모리아 산에서 번제로 드리려 했지만 여호와 이레로 이삭 대신 숫양을 번제로 드렸습니다. 그 후 아브라함의 고난도 끝이 났고, 더불어 이삭의 고난도 끝이 났습니다. 그 후 이삭은 하는 일마다 100배의 복을 받았습니다. 여기서 주목해야 할 것은 이삭을 번제로 드리려다 숫양으로 대신 드렸는데 이는 결국 이삭이 번제로 드려진 것과 다름이 없습니다. 마찬가지로 지금 주님의 부모가 주님을 대신해 번제를 드린 것은 결국 예수님 당신이 드린 것과 다름이 없습니다. 그러나 서로 다른 점은 주님 시대에는 번제를 동물로 드렸지만 지금은 예물로 드린다는 것입니다. 그 이유는 간단합니다. 주님 시대에는 목축업이 주 업이었기에 동물로 제물을 드렸습니다. 그러나 지금 시대는 예물을 돈으로 드리면 됩니다. 물론 주님의 대속의 피를 예표하는 의미도 있지만, 단지 예물을 드린다는 차원에서만 생각해 본다면 이렇게 드릴 수 있는 것입니다.

3. 왜 지금은 솔로몬과 같은 갑부가
   나오지 않는 것일까?

19~20세기의 갑부는 록펠러이고, 21세기의 갑부는 빌 게이츠입니다. 빌 게이츠의 재산은 약 60조 정도가 된다고 합니다. 그러나 인류 역사상 가장 큰 갑부는 록펠러도 빌 게이츠도 아닌 바로 솔로몬입니다. 그러면 왜 솔로몬이 오늘날 갑부인 록펠러와 빌 게이츠보다 부자였을까요? 다시 말해 왜 세계 최고의 부자가 솔로몬인 것입니까? 그것은 간단합니다. 인류 역사상 솔로몬보다 번제를 많이 드린 사람은 단 한 명도 없었습니다.

솔로몬은 약 90억 정도를 일천번제로 드렸습니다. 역사상 솔로몬보다 감사헌금을 많이 드린 사람은 많습니다. 인류 역사상 솔로몬보다 많은 번제를 드린 사람은 없었습니다. 그래서 인류 역사상 최고의 갑부는 솔로몬이 된 것입니다. 우리가 잘 알고 있듯이, 솔로몬은 왕이 되자마자 무엇을 했습니까? 그는 기브온 산에서 일천번제를 드렸습니다. 그리고 그 일천번제를 통해 솔로몬은 지혜를 얻었고, 결국 세계 최고의 부자가 되었습니다.

그러면 솔로몬이 얼마나 부자였을까요? 솔로몬이 얼마나 부

 그들은 이렇게 부자가 되었다

유했는지에 대하여 아주 세밀하고 과학적인 방법으로 분석하여 발표한 내용이 있습니다. 다음은 솔로몬의 부를 가늠하는 데 도움이 될 것입니다.

1929년, 일리노이 주 건축협회는 솔로몬이 지은 성전에 대하여 방대하면서도 정확하고 꼼꼼하게 조사했습니다. 그리고 70여 년 전의 가치로 솔로몬 성전이 지어지는 데는 약 870억 달러가 들어갔다고 그 추정치를 발표했습니다. 1년에 7%의 인플레이션율을 감안한다면 성전 자체의 가치만 해도 2000년도를 기준으로 해서 최소한 5천억 달러에 달한다고 합니다.

그런데 여기서 5천억 달러가 얼마나 많은 액수인지 아마 피부에 와 닿지 않을 것입니다. 우리나라의 2006년도 수출액이 3천억 달러였다고 합니다. 그런데 이 3천억 달러는 검은 대륙 아프리카의 50여 개국이 다 수출한 액수보다 많은 돈이라 합니다. 그런데 솔로몬이 성전 하나 건축하는 데 2000년도 환율로 5천억 달러가 들었다고 합니다. 여기서 5천억 달러가 우리나라 화폐로 환산하면 약 500조원에 해당하는 돈입니다. 지금은 2010년도입니다. 현재의 가치로 환산하면 약 600조원에 해당하지 않을까 합니다. 일리노이 주 건축협회는 말하기를 이 엄청난 솔로몬의 재산은 극히 일부에 지나지 않는다는 것입니다. 왜냐하면 그는 이 외에도 왕궁과 부동산 등 일일이 언급하기조차 힘들 정도로 너무나 많은 소유물과 소장품들을 가지고 있었기 때문이라 합니다.

이렇게 볼 때 과연 솔로몬의 부와 록펠러나 빌 게이츠의 부는 비교조차 할 수 없는 것입니다. 그런데 이런 엄청난 부를 솔로몬은 어떻게 받았느냐는 것입니다. 그것은 이미 말씀드린 것과 같이 그가 한 것이라고는 오직 한 가지, 일천번제로 90억을 드렸기 때문이라고 성경에서 증언하고 있습니다. 그러므로 이제 우리가 솔로몬보다 더 부유해지고 갑부로 살고 싶다면 솔로몬보다 더 많은 번제인 100억 정도를 드리면 됩니다. 그러면 이 책을 보시는 분 중에 록펠러와 빌 게이츠와 솔로몬을 능가하는 새로운 인류 최대의 부자가 여러분 가운데서 나올 것이며, 또 여러분 자녀들 가운데서 나오게 될 것입니다. 저는 개인적으로 책을 읽으시는 분들이 솔로몬보다 더 많은 번제를 드려 인류 역사상 최고의 갑부의 반열에 올랐으면 합니다. 또한 여러분 중에 솔로몬보다 더 많은 번제를 드린다면 틀림없이 인류 최고의 부자가 우리 한국에서 나올 것을 확신합니다.

한 가지 여러분이 기억해야 할 것이 있습니다. 하나님께서는 솔로몬이 일천번제를 드렸을 때 그에게 돈 다발을 하늘에서 내려 주시지 않았다는 것입니다. 그가 일천번제를 드리자 하나님은 솔로몬에게 무엇을 원하느냐고 물으셨습니다. 솔로몬이 백성들을 잘 다스릴 수 있는 지혜를 구하자 하나님께서는 그가 구하지 아니한 부와 영광까지 덤으로 주셨습니다. 그러므로 번제만 드리면 모든 문제가 다 해결된다고 생각하시면 안 됩니다. 우리가 번제를 드리면, 하나님은 우리에게 지혜를 주셔서 일을 잘 처리하게 하셔서 갑부가 되게 하는 분이십니다. 이 사실을 명심해야 합니다. 번제를 드려도 문제를 해결 받지 못하는 분들 중에는 회개의 번제를 드리지 않은 경우도 있지만, 지혜를 활용하지 않기에 해결되지 않는 경우도 있습니다. 지혜가 이렇게 중요합니다.

어떤 사람이 하나님께 기도했습니다. "하나님, 저에게 행복과 부와 아름다움을 주세요." 그랬더니 하나님께서 조용히 웃으시며 "미안하구나. 여기는 열매를 팔지 않고, 다만 씨앗을 팔 뿐이야"라고 대답하셨다는 것입니다. 우리는 번제를 드리면 돈다발이 하늘에서 떨어지는 줄 알지만, 그러나 하나님은 우리에게 이런 돈다발과 같은 열매를 주시는 분이 아니라 씨앗을 주시는 분이십니다. 그 씨앗이 솔로몬에게 있어서는 지혜였던 것입니다. 솔로몬은 그 지혜의 씨앗을 가지고 600조 부의 열매를 만들었습니다.

그러므로 여러분을 부유케 하는 씨앗은 무엇이겠습니까? 이 씨앗은 투자의 법칙을 말합니다. 여러분은 이 책을 통해 여러 가지 씨앗이 되는 정보를 얻을 수 있을 것입니다. 그러나 중요한 것은 먼저 번제를 드리고 시작해야 한다는 것입니다.

1. 소제 예물

앞장에서는 번제의 중요성에 대하여 말씀드렸다면 본 장에서는 장자의 복을 받는 방법에 대하여 말씀드리겠습니다. 장자의 복을 받는 방법을 말씀드리기 전에 모세가 명한 예물 중 아주 중요한 예물이 하나 더 있는데, 그것은 소제 예물입니다. 이 소제 예물이란 처음 사업을 한다든가, 아니면 취직을 했다든가, 아니면 지금 현재 받고 있는 월급이나, 그 달 사업해서 번 돈을 하나님께 십원까지 아끼지 않고 다 드리는 감사 예물을 말합니다. 이 예물에 대해 정확하게 말씀드리면 감사헌금과는 조금 다른 예물이라 할 수 있습니다. 이 예물은 말 그대로 소제 예물입니다. 소제 예물을 몇 번 드린 적이 있습니다. 그랬더니 하나님께서 얼마나 많은 물질로 보상해 주셨는지 모릅니다. 이렇게 해서 복을 받은 분들도 많습니다.

2. 감사헌금과 십일조와 번제 헌금의 차이

저는 개인적으로 똑같은 돈이라면 감사헌금보다는 번제 예물로 드리라고 권합니다. 물론 번제 예물은 그 단위가 굉장히 큽니다. 그럼에도 불구하고 번제 예물을 권장하는 이유는 감사헌금과 번제 예물은 거두는 데 있어서 하늘과 땅의 차이가 나기 때문입니다. 만약 우리가 감사 예물을 드리면, 그 감사 예물이 우리에게 복으로 돌아올 때 은행 이자 정도밖에 돌아오지 않습니다. 예를 들면 우리가 천만원을 감사 예물로 드렸다면 우리에게 돌아오는 것은 매달 6만원 정도밖에 돌아오지 않습니다. 그래서 감사 예물을 드려서 솔로몬보다 더 큰 복을 받았다 하는 사람이 나오지 않고 있는 것입니다.

말 그대로 감사 예물은 화목을 목적으로 하는 화목제입니다.

다시 말해서 감사 예물은 그것이 복들이 되어 돌아오기를 기대하고 드리는 물질이 아니라 그야말로 감사해서 드리는 물질입니다. 그러므로 감사 예물은 돌아와도 그만 안 돌아와도 그만입니다. 어떤 목적을 가지고 드리는 예물이 아닙니다. 그것이 감사 예물입니다. 그래서 감사 예물을 드렸어도 큰 복을 받은 분들이 그리 많지 않은 것입니다.

감사예물은 감사해서 드린 것이기에 하나님께서도 우리에게 되돌려줄 의무가 없습니다. 그럼에도 불구하고 하나님께서는 우리에게 약 6만원 정도의 보너스로 되돌려 주십니다. 그러므로 감사예물을 천만원을 드려도 매달 6만원 정도밖에 돌아오지 않기에 우리 입장에서 보면 복을 하나도 받지 못한 것 같이 느껴집니다. 그러나 틀림없이 10개월 동안 6만원씩 되돌아옵니다. 그러나 번제 예물은 다릅니다. 번제 예물은 그것이 몇 배로 돌아올지 계산이 안 됩니다. 왜냐하면 솔로몬이 90억을 드리자 600조가 돌아왔기 때문입니다. 이렇게 몇 배로 돌아올지 계산이 안 됩니다.

우리가 30배, 60배, 100배의 결실을 많이 이야기하는데 이는 십일조를 말합니다. 다시 말해 십일조를 하면 30배, 60배,

100배로 복을 받습니다. 왜 이 비유의 말씀이 십일조에 해당하는 말씀인가 하면 "씨앗을 뿌렸을 때"라고 성경이 말하고 있기 때문입니다. 이 뿌리는 씨앗이 바로 종자인 십일조를 말합니다. 그러므로 30배, 60배, 100배의 복은 십일조를 온전히 한 자만이 받는 복입니다. 결코 감사헌금으로 30배, 60배, 100배로 되돌아온다는 말이 아닙니다. 그러나 여기서 기억해야 할 것이 있습니다. 지금 특별한 사람을 예를 들어 말하는 것이 아니라 보편적인 것을 말씀하고 있습니다.

감사 예물을 드렸더니 100배로 돌아왔다고 하는 사람도 있는데, 그 사람은 그 동안 하나님께 쌓아 놓은 십일조와 감사 예물이 있었기에 100배로 돌아온 것입니다. 그런데 30배, 60배, 100배도 아닌 솔로몬과 같이 계산할 수 없게 돌아오는 복이 있는데, 그것이 바로 번제라는 것입니다. 그러므로 번제는 한 번 드리면 때로는 일시불로 돌아올 수도 있지만 보통 4년에 걸쳐 말할 수 없이 몇 백 배의 물질로 돌아옵니다. 그래서 저는 감사 예물을 드리는 것보다 똑같은 예물이라면 차라리 번제 예물을 드리라고 권합니다.

3. 장자의 복을 받자

장자의 복이란 주의 종이나, 교회의 성물이 필요할 때 "하나님, 돈 있는 분을 붙여 주서서 복을 받아 주의 종을 대접하게 해 주세요." 또는 성물, 교회 자동차, 건축헌금, 재정이 마이너스가 되어 목회자에게 사례비를 드리지 못하게 될 때, "하나님, 우리 교회에 돈 있는 부자를 보내 주서서 재정의 문제를 해결해 주세요." 하는 것이 아니라, 내가 직접 사비를 털어 장자처럼 행동하는 것을 말합니다.

록펠러가 복 받은 이유는 교회 재정이 마이너스가 되었다던가 잘못 지출되었을 때 눈감아 주고, 자신이 그것을 대신 채워 넣었기 때문입니다. 그래서 록펠러가 근대 역사상 최고의 부자가 되었던 것입니다. 이렇게 하는 것이 바로 장자가 하는 것이며, 이렇게 하는 자에게 하나님은 장자의 복을 주시는 것입니다. 록펠러도 이렇게 재정을 관리했기에 바로 장자의 복을 받아 거부가 될 수 있었습니다. 그러므로 여러분이 출석하는 교회에 성물이 필요하거나, 교회 자동차를 구입해야 할 때, 건축헌금, 교회를 이전해야 하는 상황에 처할 때 "하나님 돈 있는 사람을 보내 주세요" 하고 기도하는 자가 되지 마시길 바랍니다. 장자의 복을 받을 사람은 교회의 필요한 모든 것을 혼자 채우는 사람입니다. 이런 성도가 장자의 복을 받은 사람이며, 장자의 복을 받게 됩니다.

어떤 성도들은 '교회 건축하자'고 하면 다른 교회로 옮기는데 이런 사람은 평생 장자의 복을 받지 못합니다. 만약 교회에 건축이나 이전해야 하는 일이 있게 되면 이렇게 생각하시기 바랍니다. '하나님이 나에게 장자의 복을 주시려 하는구나. 이스라엘에서 장자는 다른 어떤 자녀들보다 유산을 많이 받는데, 부모의 재산을 절반이나 받는다고 합니다.

백화점 왕 존 워너 메이커는 세계 최초로 백화점을 창설하였습니다. 그는 미국 프로 골프를 창설하였고, 67년간 주일학교 교사로 봉사하였고, 체신부 장관을 역임하였습니다. 우리나라에 최초로 YMCA 건물을 건축하였고, 3개의 지교회를 건축하였고, 또한 수많은 교회를 건축하는 데 공헌했습니다. 그는 수많은 가난한 자를 도왔으며, 25만 명에게 일자리를 제공하기도 하였습니다. 뿐만 아니라 그가 죽은 후에는 필라델피아에서 가장 존경받는 인물이 되었습니다.

그의 백화점은 규모면에서 당시 5만 명이 일시에 쇼핑을 할 수 있었고, 그 부지는 무려 5만4천 평에 해당하였고, 당시 4천 명의 직원이 근무했다고 합니다. 그는 무디 목사님에게 부흥회를 할 수 있게 그의 백화점을 제공했는데, 그때 무디가 인도했던 집회 중 최고로 많은 인파인 100만 명이 모였다고 합니다. 그런 그가 베다니 성전을 완공하고, 헌당식을 하면서 축사를 통해 이런 고백을 했다고 합니다. "어렸을 때 헌금할 돈이 없어 벽돌 몇 장을 드린 저를 하나님께서 기억하시고, 이렇게 아름다운 교회를 세울 수 있도록 물질적으로 축복해 주셨습니다."

그가 그의 아버지 벽돌 공장에서 일한 대가로 얻은 벽돌로 교회 마당을 깔았던 것을 하나님은 보셨던 것입니다. 하나님께서는 물질적인 축복을 그에게 주셔서 마음껏 교회를 건축하게 했다는 것입니다. 이렇게 주의 종과, 주님의 몸된 교회를 위해서 "하나님, 돈 있는 자를 보내 주셔서 교회를 건축하게 해 주세요" 하는 것이 아니라 워너 메이커처럼 10세밖에 안 되는 어린아이라 할지라도 자기가 먼저 나서서 주를 위해 일을 하는 자, 그가 바로 장자의 복을 받은 자입니다.

장자의 복이란 이와 같이 아무 말 없이 솔선수범해서 주님의 몸 된 교회와 주의 종을 돌보는 자, 그가 바로 장자의 복을 받을 자이며, 받은 자입니다. 그러므로 장자의 복을 받은 분은 대접받는 것을 싫어하고 오히려 대접하기를 좋아합니다. 그러나 가난의 영에 사로잡힌 자는 대접받기를 좋아하고, 자신에게 손해볼 일이 생기면 피해 다니기를 좋아하고 말만 앞세우는 자입니다. 이런 자가 바로 가난의 영에 사로잡힌 자입니다.

세계적인 부자들의 책과 한국의 부자들의 책을 읽으며 느낀 것이 있습니다. 그것은 부자들치고, 불평 불만하는 자가 없다는 것입니다. 그러므로 불평 불만이 많은 자는 부자가 될 수 있는 자질이 없다고 보면 됩니다. 어떤 목사님은 말씀하시길 가난의 영에 사로잡힌 자의 특징을 보면 언제나 불평 불만이 많다는 것입니다. 이런 분들은 가난의 영에 사로잡혀 있기 때문에 매사에 불평 불만이 많다는 것입니다. 그런데 가난의 영에 사로잡혀 있으면 자신만 가난한 것이 아니라 바로 자식까지도 가난하게 만든다는 것입니다. 그 목사님의 말씀을 듣고 가만히 생각해 보니 불평 불만이 많은 사람과 성도들치고 진짜 부유한 사람은 한 명도 보지못했습니다.

장자의 복을 받은 자는 자기가 먼저 헌신하고, 봉사하고, 건축헌금하고, 솔선수범하여 접대합니다.

제가 아는 어느 목사님은 집사였을 때 돈만 있으면 교회와 주의 종을 대접했다고 합니다. 그래서인지 그 목사님이 가는 곳에는 매일같이 기적이 일어나고 있습니다. 이렇게 장자의 복을 받을 자는 다른 사람에게 복 받을 기회를 양보하지 않습니다. 이런 자에게 하나님은 장자의 복을 주십니다. 그러므로 가난의 영을 물리치고 장자의 복을 받고 싶으시면, 이제부터 불평 불만하지 마시고, 교회에 무슨 일이 있으면 솔선수범하시길 바랍니다. 그러면 록펠러와 워너 메이커와 같이 세계적인 거부의 복을 받게 될 것입니다.

우리가 성령님의 도움을 받지 못하는 이유가 성령님에 대한 오해 때문입니다. 다시 말해서 우리가 보혜사라는 말의 뜻만 바로 해석할 줄 알면 우리 기독교인들 중에 성령의 도움을 받지 못할 자가 없으며, 게으른 자가 없을 것입니다. 또한 가난한 자가 없을 것입니다. 그러나 안타깝게도 많은 분들이 성령님을 잘 이해하지 못합니다. 왜냐하면 보혜사라는 말을 잘 알지 못하기 때문에 벌써 첫 단추가 빗나갔기 때문입니다. 이렇게 보혜사 성령님을 잘 이해하고, 그분의 임재 가운데 있으면 진짜 생각만 해도 응답을 받게 됩니다.

1. 꿈을 이루는 것은 기도가 아닌 묵상이다

「솔로몬이 들려주는 부자가 되는 31가지 비밀 이야기」라는 책에서 마이크 머독은 말하길 "남다른 꿈을 이루려면 남다른 명상이 필요하다"라고 했습니다. 즉 이 말은 묵상을 많이 하라는 말입니다. 그러면서 그는 말하길 "이렇게 묵상하세요. 자신의 꿈과 목표에 대해 일어날 수 있는 모든 상황들을 다각도로 연구하십시오. 계속해서 연구하고, 들여다 본다면 언젠가는 볼 수 있을 것입니다"라고 말했습니다. 그러면서 그는 부자는 먼 장래를 생각하며 사는 자이며, 꿈은 인생의 씨앗이라고 말했습니다. 또한 그는 꿈을 가진 자는 연애하는 자와 같다고 했습니다. 맞는 말입니다. 진짜 꿈이 있는 자는 날마다 연애하는 사람과 같이 그 꿈을 이루기 위해 그 꿈속에 빠져 있습니다.

그런데 우리는 묵상에 대해 뭔가 오해를 하고 있습니다. 성경 말씀만 묵상하는 것으로 말입니다. 그러나 묵상을 뜻하는 "하가"라는 말은 우리가 알고 있는 것과는 다르게 해석되고 있습니다. 그것은 "연구하고, 신중히 생각하다"라는 뜻입니다.

시 1:1-3 복 있는 사람은 악인들의 꾀를 따르지 아니하며 죄인들의 길에 서지 아니하며 오만한 자들의 자리에 앉지 아니하고 오직 여호와의 율법을 즐거워하여 그의 율법을 주야로 묵상하는 자로다 그는 시냇가에 심은 나무가 철을 따라 열매를 맺으며 그 잎사귀가 마르지 아니함 같으니 그가 행하는 모든 일이 다 형통하리로다

그런데 여기서 묵상이란 "하가"를 말하는데, 복들은 바로 이 "하가" 즉, 묵상하는 자에게 온다고 시 1:2은 말합니다. 그러므로 부자가 되려면 묵상하는 훈련을 해야 합니다. 묵상하는 훈련이 되지 않으면 결코 부자가 될 수 없습니다. 제가 세계적인 부자들과 한국의 부자들에 대해 기록한 책을 보며 느낀 것은 부자들은 깊이 생각하는 시간을 날마다 가진다는 점입니다. 그들은 그것을 명상이라 말하지만 우리는 그것을 묵상이라고 말합니다.

제가 아는 목사님 중에 20년 만에 대형 교회를 이루신 분이 계십니다. 그 분과 어느 날 식사를 하고 함께 자가용을 타고 오면서 이런저런 이야기를 나누었습니다. 그 분은 말씀하시길 "저는, 기 도란 하나님께 '무엇을 주세요' 하는 것이 아니라 '주님, 이 일을 어떻게 처리할까요?' 하는 것이 기도라고 생각합니다"라고 했습니다. 20년 동안 밤 12시부터 새벽 2시까지 많은 시간을 이렇게 보냈다고 합니다. "이것이 하나님의 뜻일까요?" 하며 기도하다 보면 하나님의 사인(뜻)이 온다는 것입니다. 그러면 곧바로 그것이 응답인 줄 알고 일을 추진한다는 것입니다. 그러면 거의 다 묵상하며 기도했던 대로 일이 추진되더라는 것입니다. 그러면서 그 목사님은 "하나님 이것 주세요, 저것 주세요 하는 것이 아니라 하나님이 원하시는 것이 무엇인지 분별하는 것이 기도"라 했습니다. 그 분은 이렇게 자정부터 하는 기도 시간을 통해 오늘날 대형 교회를 일구어 냈다고 했습니다. 마이크 머독이 말한 것과 같이 큰 성공은 '하나님께 무엇을 주세요, 하는 자가 아니라 얼마나 묵상을 많이 했느냐' 에 달려 있다고 한 것 같이 말입니다.

2. 꿈을 이루기 위해서는 성령님과 교제하라

저는 기도 응답을 참으로 많이 받습니다. 어떤 때는 생각만 했는데도 응답을 받습니다. 저는 원래 성격상 통성 기도하는 것을 좋아하여 통성 기도를 하지만 하루에 몇 시간씩은 묵상기도를 합니다. 20여 년 묵상을 계속 해오고 있습니다. 저는 묵상을 하며 성령님께 묻습니다. 말씀을 읽다가 궁금할 때는 '성령님! 이 말씀이 무슨 뜻입니까?' 라고 묻습니다. 그러면 성령님께서 영감으로 또는 다른 책을 통하여 아주 깊이 깨닫게 해주십니다.

베니힌 목사님도 이렇게 성령님께 질문을 하면 성령님께서 말씀을 가르쳐 주시고 깨닫게 해주셨다고 말씀합니다. 저도 오랜 시간 경험을 통해 베니힌 목사님의 말씀을 충분히 이해할 수 있습니다.

저는 워낙 부족한 점이 많아 아직도 작은 교회를 면하지 못하고 있습니다. 그래서 항상 돈이 필요합니다. 그래도 저는 돈을 달라고 기도하진 않습니다. 그리고 성령님께 의논하는 것을 기도하는 것보다 더 좋아합니다. 성령님께 이렇게 아룁니다. "성령님! 선교도 해야 하고요, 공과금도 내야 하고요, 월세도 내야 하고요, 아이들 등록금도 내야 합니다." "성령님! 이 문제를 어떻게 해야 합니까? 고아들의 아버지 조지 뮬러는 사랑의 빚 외에는 어떤 빚도 지지 말라는 말씀을 믿어 빚지지 않고 고아들 몇 천명을 먹였다는데요." "성령님! 이 문제를 어떻게 해야 합니까?" 하고 성령님과 의논하며, 물질에 관련된 말씀을 묵상하고 선포하고 "성령님! 내 영혼에 임하옵소서" 하며 성령님과 교제합니다. 그러면 거짓말같이 성령님께서 돈이 들어오게 해 주시든지, 아니면 돈이 들어올 수 있는 통로를 열어 주시는 것을 항상 체험하고 있습니다.

여러분들도 말씀을 붙잡고 "성령님! 주님께서 모든 필요한 것을 채워 주신다고 하셨는데 어떻게 해야 합니까?" 하고 묵상하며 성령님과 의논해 보시길 바랍니다. 그러면 틀림없이 문제를 해결 받으실 것입니다. 제가 여러 가지 기도 방법을 동원해 기도해 본 결과 기록된 말씀의 약속을 붙잡고 '성령님! 어떻게 해야 합니까' 하며 성령님과 의논하는 기도가 가장 많은 응답을 받게 했습니다.

저의 누님에게는 두 아들이 있는데, 누님이 몸이 좋지 않아 큰조카는 매형이 키우고 작은 조카는 우리가 키웠습니다. 그런데 작년 1월에 큰 조카가 보고 싶어 찾아야겠다는 생각이 들었습니다. 16년 동안 만나지 못했고, 연락처도 없어 찾을 길이 막막해 할 수 없이 텔레비전의 어떤 프로에 큰 조카를 찾아 달라고 신청까지 했습니다. 그러면서 "성령님! 조카를 어떻게 하면 찾습니까" 하고 한 달 가량 성령님의 도움을 구했습니다. 그랬더니 10년이 넘도록 한 번도 연락되지 않았던 매형에게서 연락이 왔습니다. 그리고 조카와 연락이 되었습니다. 그렇게 막막하기만 했던 조카를 찾기 위해 성령님께 도움을 구했더니 찾게 된 것입니다. 여러분들도 한 번 성령님께 도움을 구하며 의논하며 묵상해 보시길 바랍니다. 그러면 성령님께서 영감을 주실 것이며 응답을 주실 것입니다.

여러분들이 어떻게 생각하실지 모르지만 저는 성령님께 의논하는 묵상시간을 갖는 것이 기도하는 것보다 더 중요하다고 생각합니다. 기도하는 것은 쉽습니다. 왜냐하면 기도는 하루에 1시간 정도만 하고 끝내면 되기 때문입니다. 그러나 성령님과 교제하는 것은 1시간으로 되는 것이 아니라 때로는 2시간, 때로는 3시간, 때로는 하루 종일 해야 하기 때문입니다. 그런데 이렇게 기도보다 더 힘든 성령님과 교제하면 좋은 일이 얼마나 많이 일어나는지 모릅니다.

세계적인 부자들과 한국의 부자들 역시 이렇게 몇 시간씩 사업을 위해 그들은 명상 또는 묵상을 합니다. 그러므로 부자가 되고 싶으면 성령님과 하나 하나 조목조목 의논하고, 묵상하는 시간을 가지시길 바랍니다. 바로 인류 최고의 부자인 솔로몬도 이렇게 묵상을 위한 시간을 많이 가졌습니다(어떻게 묵상해야 하는지는 「한국의 탈무드」를 참고해 주시길 바랍니다).

4장

성격이 좋아야 부자가 된다

1.세계적인 부자들은 어려서부터 어머니에게 철저한 신앙교육을 받았다

세계적인 부자들의 정신적 지주는 단연 그들의 어머니였습니다. 우리는 록펠러의 어머니가 자녀들에게 가르친 10가지 교훈을 잘 알고 있습니다. 이와 같이 록펠러에게 지대한 믿음의 영향을 준 분이 바로 어머니였습니다.

존 록펠러가 누구냐고 묻는다면 사람들은 대답하기를 석유왕이며, 세계 최고의 부자이며, 자선사업가라고 말합니다. 그는 미국의 시카코 대학을 비롯해 24개의 명문대학을 설립했고, 록펠러 의학 연구소와 4,928개의 교회를 건축하였고, 사회사업을 위해 당시 화폐가치로 7억5천만 불을 썼다고 합니다. 그러면 어떻게 해서 그가 세계 최고 부자이며, 사회사업가가 될 수 있었을까요?

어느 날 어떤 기자가 이렇게 질문했습니다.

"록펠러 회장님, 오랫동안 세계 최고의 부자의 자리를 지키고 있는데 그렇게 부자가 된 비결이 무엇입니까?" 이에 그는 대답하길, "어머님이 세 가지 신앙의 유산을 남겨 주셨는데 그것이 저의 성공의 비결입니다"라고 했습니다. 그러자 기자는 "그러면 그 세 가지 신앙의 유산은 무엇입니까?"라고 물었습니다. 그러자 그는 첫 번째 신앙유산으로 철저한 십일조 생활을 실천한 것이라고 했습니다. 그는 십일조 계산을 위해 40명의 직원을 두었다고 합니다. 그러므로 우리도 록펠러처럼 성공하고 싶다면 철저한 십일조 생활을 해야 합니다. 두 번째는 교회에 가면 맨 앞자리에 앉아 예배를 드리는 것이었다고 합니다. 그래서 바쁜 생활을 하면서도 40분 일찍 교회에 와 맨 앞자리에 앉아서 예배를 드렸다고 합니다. 그리고 세 번째는 목사님 말씀엔 무조건 순종하는 것이었다고 합니다. 그래서 그는 어떤 일이 있어도 목사님 말씀에 순종하고, 목사님의 마음을 아프게 하지 않았다고 합니다. 그는 98세까지 살았는데, 나이가 많아 눈이 침침해 성경책을 읽을 수 없을 땐 사람을 두어 성경책을 읽게 했다고 합니다. 이런 철저한 신앙생활이 20세기에서 21세기까지 그를 세계 최고의 부자로 남게 만든 것입니다.

또한 호텔 왕 콘래드 힐튼도 역시 그의 어머니로부터 지독한 신앙 훈련을 받았습니다. 그래서 그는 어려울 때마다 항상 기도하며 문제를 해결해 결국 호텔 왕이라는 칭호를 얻게 되었던 것입니다. 어느 날 어머니 메리 힐튼은 아들의 방을 청소하다가 아들이 쓴 연애 편지를 발견하게 됩니다. 그리고 그녀는 결심하기를 아들에게 여인을 향한 마음이 심어지기 전, 그 속에 주님을 사랑하는 마음을 심어 줘야겠다는 생각을 합니다. 그녀는 콘래드 힐튼이 다니고 있는 군인학교를 잠시 휴학하게 하고, 신학교와 같은 성 미카엘 대학에 입학하게 했습니다.

콘래드 힐튼은 그곳에서 성찬식에 참여하게 됩니다. 그런데 그는 이 성찬식에서 성령의 불을 받게 되었고, 하나님의 사람이 되었습니다. 그는 성찬식에서 그리스도의 살과 피가 몸 속에 들

 그들은 이렇게 부자가 되었다

어와 강한 힘으로 전신을 감싸는 놀라운 체험을 하게 됩니다. 그것은 그의 인생에 있어 처음으로 체험한 큰 사건이었습니다. 그 후 성 미카엘 대학에서 한 학기를 공부하고 다시 고향으로 돌아왔는데, 그때는 여인의 사진이 아닌 성 요셉의 모습이 인쇄된 성화를 가지고 돌아오게 되었습니다. 그리고 다시 군인학교에 복학하여 졸업하게 됩니다. 이와 같이 콘래드 힐튼 역시 그의 어머니로부터 강한 신앙훈련을 받아 결국 모든 어려움을 극복하고 성공해 호텔 왕이 될 수 있었던 것입니다.

백화점의 창시자이자 백화점 왕이며, 탁월한 판단력과 아이디어와 경영 능력을 인정받아 체신부 장관을 역임했고, 전 세계 곳곳에 YMCA 건물을 지어준 존 워너 메이커는 어린 시절부터 교회를 사랑했습니다. 그는 아버지 벽돌공장에서 일하며 받은 벽돌로 교회 마당을 까는 것을 계기로 교회를 건축하였습니다. 그가 84세였던 1921년, 사업가로서 60년을 맞은 기념 행사에서 한 기자가 그에게 질문을 던졌습니다. "회장님 지금까지 투자한 것 중에서 가장 성공적인 투자는 무엇이었습니까?" 그는 대답하길 "내가 10세 때 최고의 투자를 한 적이 있지요, 그때 나는 2달러 75센트를 주고 예쁜 가죽 성경 한 권을 구입했어요. 이것이 내 인생에 있어서 가장 위대한 투자였습니다. 왜냐하면 그 성경이 오늘날의 나를 만들었으니까요” 기자가 다시 물었습니다. “그렇다면 성경만 구입하면 성공할 수 있나요?” “그렇지 않습니다. 먼저 하나님을 믿고, 말씀을 실천해야 하지요. 하나님을 신뢰하고, 즐겁고 기쁘게 일하다 보면 성공은 어느새 자신의 옆에 다가와 있게 됩니다” 라고 말했다고 합니다.

이렇게 세계적인 부자들은 어려서부터 어머니로부터 신앙의 유산을 물려받았거나 남다르게 신앙생활을 했습니다. 그러므로 한국의 부자가 아닌 세계적인 부자가 되고 싶다면 믿음을 가져야 합니다. 이렇게 세계적인 부자들은 다 믿음을 가진 자였습니다. 우리가 잘 아는 빌 게이츠 역시 11세 때 산상 수훈을 처음부터 끝까지 막힘 없이 암송하여 목사님을 놀라게 할 정도로 성경의 영향을 많이 받으며 자랐다고 합니다.

2. 세계적인 부자들은 어려서부터 아버지에게 사업의 노하우를 배웠다

세계적인 부자들은 거의 다 어머니로부터 신앙교육을 철저히 받았다는 점과, 또 한 가지는 아버지로부터 아주 어렸을 때부터 장사 수완을 배운 특징이 있었습니다.

　록펠러의 아버지 빅빌은 하인을 고용해 토지를 경작하다 직업을 바꾸어 목재장사를 하였는데, 모든 사람들이 그를 아주 부지런한 사람으로 기억하고 있을 정도로 부지런했다고 합니다. 빅빌은 아들 록펠러에게 어려서부터 장사에 대한 노하우를 전수하였다고 합니다. 록펠러의 아버지 빅빌은 엄격하게 아들을 훈육했습니다. 록펠러가 막 걸음마를 시작했을 때 어느 날 아버지는 손을 뻗어 아들 존을 잡아 주는 척하다 손을 놔버렸습니다. 그러자 아들 록펠러는 그만 바닥에 넘어지고 말았습니다. 그때 그의 아버지 빅빌은 말하길 "너는 아무도, 심지어 아버지인 나도 전적으로 믿지 말아라"고 말했다고 합니다. 록펠러는 후에 이런 아버지의 교육이 자신의 인생에 큰 도움이 되었다고 그의 자서전에서 고백했습니다.

　또한 호텔 왕 콘래드 힐튼 역시 어려서부터 장사꾼인 아버지 거스 힐튼으로부터 장사를 배우며 자랐습니다. 아버지 거스 힐튼은 장사와 거래와 흥정하는 방법과 사람을 다루는 방법을 아들 힐튼에게 자세히 가르쳐 주었습니다. 그래서 힐튼 역시 어려서부터 장사에 대한 남다른 소질을 발휘하게 되었습니다. 이와 같이 세계적인 부자들은 다 아버지로부터 장사하는 방법을 배우며 자랐습니다.

존 워너 메이커 역시 벽돌공장을 하시는 아버지로부터 도움을 받아 10세 때 아버지 공장에서 정당하게 일을 하여 품삯을 받아 교회를 건축했습니다. 이렇게 워너 메이커 아버지 또한 아들 워너 메이커에게 철저한 독립심을 어려서부터 심어 주어 결국 백화점 왕이 되게 한 것입니다.

이와 같이 세계적인 부자들은 우리가 생각한 것 같이 운이 좋아서, 시대를 잘 만나서가 아니라 부모의 철저한 교육에 의해 만들어진 것입니다. 그러므로 우리의 자녀들 역시 세계적인 부호로 만들기 위해서는 철저한 교육을 통해 어려서부터 인생을 사는 방법을 가르쳐 주어야 할 것입니다.

3. 세계적인 부호들의 성격은 온유했다

세계적인 부호들의 특징 중 하나는 성격이 거의 다 온유했다는 것입니다. 록펠러에 대한 많은 사람들의 증언에 의하면 그는 조용하고 차분하며, 자신의 생각이나 목표를 잘 드러내지 않는 스타일이었으며, 감정을 잘 억제하였고, 말할 때는 흥분하지 않았고 언제나 작은 목소리이지만 명확하게 말했다고 합니다. 또한 그는 살짝 미소짓긴 했어도 소리내어 웃는 경우는 좀처럼 드물었다고 합니다. 그가 얼마나 조용하고, 차분하고, 흥분하지 않는 사람이었느냐 하면 한 번은 이런 일이 있었다고 합니다. 화가 난 계약자가 록펠러의 사무실에 함부로 들어와 미친 듯이 그를 비난했다고 합니다. 그때 록펠러는 계약자가 제풀에 지칠 때까지 기다렸다가 회전의자를 돌리면서 말하길 "난 당신이 무슨 말을 하는지 잘 모르겠소, 다시 한 번 말해 주겠소?"라고 했다고 합니다. 보통 사람 같으면 같이 흥분하고 싸움을 했을 것인데, 록펠러는 흥분하지 않고 그 사람이 할 말을 다할 때까지 기다렸다는 것입니다.

마 5:5을 보면 "온유한 자는 복이 있나니 그들이 땅을 기업으로 받을 것임이요" 했는데, 이렇게 세계적인 부자들은 성격이 매우 온유했다고 합니다. 마이크 머독은 말하길, "부유한 사람들에게 있어서 입 단속은 매우 중요한 문제입니다. 부자들은 자기의 속마음을 완전히 드러내 놓고 살지 않습니다" 하며 역시 성격이 좋아야 부자가 됨을 말하고 있습니다.

우리나라 사람들은 대체로 성격이 다혈질적이고 흥분을 잘 한다고 합니다. 그러나 이스라엘 사람들과 중국 사람들은 잘 흥분하지 않는다고 합니다. 그래서 그들은 어디를 가든지 성공한다고 합니다. 어떤 목사님은 말씀하시길 흥분하면 무조건 진 것이라 했습니다. 그렇습니다. 흥분하면 벌써 자기 자신에게 진 것이므로 다른 사람과 경쟁을 하면 질 수밖에 없는 것입니다. 또한 흥분하기 좋아하는 사람치고 성공한 사람이 없다는 것입니다.

현대그룹의 고 정주영 회장이 쓴 「시련은 있어도 실패는 없다」라는 책을 보면 그의 실패담이 나오는데, 그의 유일한 단점인 급한 성격 때문에 손해 볼 때가 많이 있었다고 합니다. 다른 사람의 이야기를 끝까지 다 듣지 못하고 결정을 내린 적이 여러 번 있었는데, 그때마다 큰 실패와 손해를 보았다고 했습니다.

그러므로 사업과 인생에서 성공하고 싶다면 성격부터 고쳐야 합니다. 왜냐하면 성격이 좋지 않으면 어느 분야에서든지 성공을 기대할 수 없기 때문입니다. 목회에 있어서도 역시 마찬가지입니다. 목회자 중 내성적이되 온유한 성격을 가진 사람은 목회에 성공할 확률이 아주 높다고 합니다. 그러나 성격이 다혈질인 분들은 목회하는 데 있어서도 많은 어려움을 겪게 된다고 합니다.

우리가 신앙 생활하면서 시험당하고 연단받는데, 따지고 보면 그 시험이나 연단이라는 것이 무엇입니까? 결국 성격 때문에 오는 시련이 아닙니까? 그러므로 성공하기 원한다면 성격이 외향적이거나, 불평불만이 많거나, 다혈질인 분들은 성격을 내성적이되 온유한 성품으로 바꾸지 않으면 안 되는 것입니다. 왜냐하면 이렇게 내성적인 성격을 가져야 시험이 없고, 또한 세계적인 갑부가 될 여지가 많기 때문입니다.

그런데 내성적인 성격을 가져야 성공할 수 있다는 말이 결코 내성적인 사람만이 성공할 수 있다는 말은 아닙니다. 내성적인 성격을 가지되 속으로 불평 불만하지 않는 그런 성격을 가져야 성공할 수 있다는 말입니다. 내성적인 성격을 가졌으되 속으로 불평 불만하지 않고, 매사에 긍정적이고 낙천적인 성격을 가진 자가 바로 성공할 가능성이 많다는 것입니다. 저는 이런 성격을 한마디로 온유한 성품이라 말하는데, 이렇게 온유한 성격만 가지고 있다면 사업과 목회는 이미 절반 이상 성공했다고 보면 틀림없는 것입니다. 그러므로 성공하고 싶다면 성격부터 온유하게 다듬어가시길 바랍니다.

제가 어느 날 조용기 목사님의 설교를 듣다가 깜짝 놀랐습니다. 왜냐하면 조 목사님은 젊어서부터 목회를 했다고 합니다. 그래서 자칫하면 사람들로부터 무시당하거나 경박하다는 말을 들을 것 같아 사람들 앞에서는 말도 느리게 하고 작게 했으며, 걸음과 행동도 노인네처럼 했다고 합니다. 그리고 웃을 때 역시 소리내어 웃지 않고, 단지 미소만 띠었다고 합니다. 그래서 그런지 그 분 역시 목회 분야에서는 최고로 성공하신 분이 될 수 있었던 것입니다. 이와 같이 성격은 성공과 아주 밀접한 관계가 있습니다. 그 중에서도 온유한 성격을 갖는다는 것은 아주 중요한 것입니다. 이렇게 우리가 온유한 성격을 갖게 된다면 벌써 우리는 50%를 성공해 놓고 시작했다고 보면 되는 것입니다.

4. 온유하다는 말에 들어 있는 세 가지 뜻

첫째, 온유하다는 말은 복수하지 않는다는 말입니다.

우리는 온유하다 하면 마치 우유부단하고, 무지몽매하고, 정신이 산만하고, 맥이 풀려 있는 자를 지칭하는 줄 아는데, 마이크 머독은 이런 성격은 온유가 아닌 실패하는 사람들의 네 가지 유형의 성격이라 말하고 있습니다. 또한 온유를 부드러움과 원만한 인간관계로만 생각하는데, 결코 그렇지 않습니다. 이렇게 부드럽고 원만한 인간관계는 기본이고, 진짜 온유한 사람은 다른 사람이 비방하고 비평하고 악을 행해도 보복하지 않고 보원이덕 하는 사람을 말합니다.

여기서 보원이덕이란 원수를 은혜로 갚는 것을 말합니다. 보통사람들은 원수를 원수로 대하지만 온유한 사람은 주님과 같이 원수에게도 은혜를 베풉니다. 성경에서는 온유한 사람은 땅을 기업으로 받는다고 했습니다. 그러므로 우리가 성공하고 복을 받기 원한다면 이런 온유한 자가 되시길 바랍니다. 그러면 틀림없이 땅을 기업으로 받게 될 것입니다.

둘째, 온유하다는 말은 행동뿐 아니라
         말로 복수하지 않는 것입니다.

데일 카네기의 「인간관계 30가지 원칙」이라는 책을 보면, 사람은 누구나 나쁜 말을 들으면 복수하고 싶은 마음뿐 아니라 상처를 받지 않기 위해 되로 받은 것을 말로 되돌려 준다고 했습니다. 다시 말해서 자기가 받은 상처보다 더 배가 되는 말로 공격해서 상대방에게 상처를 준다는 것입니다. 그런데 온유한 자란 상대편에서는 온갖 험담을 하고 욕을 해도, 그 사람을 비평하거나 비방하지 않고, 이해해 주고 축복해 주며, 긍정적인 말을 해 주는 자라는 것입니다. 우리가 행동으로 복수하지 않고 사랑을 베푸는 것은 가능합니다. 그러나 원수를 향해 말로도 복수하지 않는 것은 쉬운 일이 아닙니다. 만약 당신이 진짜 온유한 사람이라면 이렇게 말로도 복수하지 않아야 하는 것입니다. 이런 사람이 바로 복을 받고, 성공하고, 지도자가 되는 것입니다.

우리나라 어느 대통령은 가끔 독설(욕설)을 퍼붓습니다. 그분의 지지율은 아주 맨 밑바닥에 떨어졌었습니다. 만약 그분이 독설만 퍼붓지 않았더라면 아마 지지율이 그렇게까지 추락하지는 않았을 것입니다. 비록 그가 대통령이었지만 사람들로부터 존경을 받지는 못하였습니다. 이렇게 말로 복수를 하는 자는 온유한 자가 아닙니다. 그러므로 당신이 온유한 자가 되어 땅을 기업으로 받고 싶다면 말로도 복수하지 않아야 합니다.

셋째, 온유하다는 것은
온유한 마음으로 협상하는 것을 말합니다.

온유한 사람들은 이렇게 말과 행동으로 복수하지 않고, 보원이덕 하는 마음을 가지고 협상에 임함으로 그 결과가 항상 좋습니다. 그들은 자신의 고집과 주장만을 내세우는 것이 아니라, 어떤 사건이나 문제가 있으면 합리적으로 협상을 통해 문제를 해결하려 합니다. 그래서 성경은 이런 자가 땅을 기업으로 받는다고 했습니다.

마이크 머독은 그의 책「솔로몬이 들려주는 부자가 되는 31가지 비밀 이야기」라는 책에서 솔로몬은 매사에 협상을 잘했다고 말하고 있습니다. 이렇게 협상을 좋아했다는 것을 통해 우리는 솔로몬의 성품을 알 수 있는데, 그것은 그가 온유한 자였다는 것을 알 수 있습니다. 우리는 솔로몬을 가리켜 역사상 최고의 갑부라 하는데, 그도 이렇게 온유한 자였기에 세계 최고의 갑부가 될 수 있었던 것입니다. 그러므로 마 5:5의 온유한 자가 땅을 기업으로 받는다는 말이 그대로 이루어진 것입니다.

성공하기 원한다면 먼저 예수를 믿고, 온유한 자가 되라는 것입니다. 어떤 책에서 읽은 협상술 중에 이런 사례가 있었습니다. 그 사례의 주인공은 얼마나 온유한 성품을 가졌느냐면 말이 없고 항상 듣는 편이었다고 합니다. 회의를 할 때도 그렇고, 협상을 할 때도 그렇고, 남의 흠을 잡는 경우가 거의 없었다는 것입니다. 다른 모든 기업들이나 구매 계약자들은 트집을 잡아 가격을 낮추려 하는데, 그는 오히려 상대방을 칭찬해 주고, 내가 필요한데 깎아 달라고 요청한다는 것입니다. 그가 이렇게 온유한 마음으로 협상에 임하면 그때마다 거의 모든 협상에서 성공했다고 합니다.

하루는 약속 시간보다 3시간 늦게 나온 매각할 회사 대표에게 화도 내지 않고, 서류만 검토하며 그 사람의 말을 2시간 동안 들어주었다고 합니다. 그리고 다 듣고는 "회사 건물이 참 좋네요. 관리도 잘하신 것 같습니다. 제가 이걸 꼭 사고 싶은데 형편이 좀 그렇군요, 어떻게 조금만 깎아 주시지 않겠습니까? 끝자리 6억만 잘라 주신다면 한 번에 모두 결제할게요." 그러자 기적 같은 일이 일어났다고 합니다. 그 동안 단 한 푼도 깎아 줄 수 없

다고 하며, 협상 장소에도 나타나지 않았던 상대방이 결국 항복해 오히려 싸게 한 번에 매입했다는 것입니다.

성경은 온유한 자가 땅을 기업으로 받는다고 말합니다. 이렇게 온유하게 협상에 임했던 그는 다른 사람이 보기에는 불가능해 보이기만 했던 협상을 성공적으로 마무리할 수 있었던 것입니다. 그러므로 당신도 성공하고 싶으면 온유한 자가 되시길 바랍니다. 그리고 그 온유함을 가지고 협상에 임하시길 바랍니다. 그러면 당신도 세계적인 부자가 될 수 있습니다.

5장

부자가 되려면 자금관리를 잘해야 한다

1. 부자는 천재가 아니다

1999년 기준으로 볼 때 세계 인구는 60억이었습니다. 물론 지금은 그보다 훨씬 증가했을 것입니다. 그 중 유대인은 1,500만 명밖에 안 됩니다. 그 중 이스라엘에 300만 명이 살고 있고, 전세계에 흩어져 있는 유대인들이 1,200만 명이라 합니다. 굉장히 적은 숫자라 할 수 있습니다. 그러나 이 유대인이 세계에서 가장 큰 영향력을 행사하고 있다는 것은 누구나 다 아는 사실입니다. 우리나라는 노벨평화상 외에 노벨문학상이나 경제학상, 물리학상 같은 상은 단 한 명도 수상하지 못했습니다. 그러나 유대인들은 전세계 노벨상 수상자의 3분의 1을 차지하고 있습니다. 이 통계는 노벨상을 받은 세 명 중 한 명이 유대인이라는 수치입니다. 세계적 수준의 뛰어난 연구는 30%가 유대인의 뇌를 통해서 진행되고 있고, 미국을 대표하는 지성인 21명 중 15명이 유대인이라고 합니다. 미국의 유수한 대학들, 특히 아이비리그 대학들의 우수한 교수진의 40%가 유대인이고, 학생들도 비슷한 수준으로 많다고 합니다. 미국 할리우드 영화계에 수많은 유대인 배우가 있지만, 그들 중 포르노 영화와 같은 음란한 영화를 만드는 쪽에는 유대인 배우가 거의 없다고 합니다. 뿐만 아니라 갱단이나 마약 판매, 매춘에도 유대인들은 거의 관여하지 않는다고 합니다.

유대인들은 현재 전세계의 역사를 주도하고 있고, 모든 분야에서 두각을 나타내고 있습니다. 이것에 의문을 품었던 스탠포드 대학의 교육 심리학자인 젠센 교수는 유대인들이 왜 이렇게 뛰어난지를 알아보기 위해 지능 검사를 했다고 합니다. 유대인들뿐 아니라 유럽 사람들, 아시아 사람들, 아프리카 사람들 할 것 없이 세계 민족들을 총망라해서 지능 검사를 실시했는데 놀라운 결과가 나왔다고 합니다. 그것은 다른 민족의 사람들과 유대인들의 지능에는 별 차이가 없었다고 합니다. 전세계의 역사를 주도하고, 경제와 문화를 주도하는 유대인들과 다른 민족 간의 지능에 별 차이가 없다는 것이 젠센 교수의 연구 결과였다고 합니다.

그러면서 젠센 교수가 덧붙인 것이 있는데, 그것은 사람마다 기본적으로 가지고 태어나는 능력과 기본적인 재능은 다 똑같다는 것입니다. 그러나 문제는 어떤 사람은 자신이 타고난 재능과 능력을 사용하지 못해 능력에 못 미치는 삶을 살아가고 있고, 또 어떤 사람들은 그 능력을 잘 사용해 자신이 타고난 능력보다 오히려 더 많이 성취하는 사람이 있다고 합니다. 그런데 유대인들의 상당수는 자신이 가지고 태어난 능력과 재능을 과하게 성취하는 사람들의 그룹에 속해 있더라는 것이었습니다.

2. 왜 유대인들은 타고난 능력과 재능보다 더 많이 성취하게 되는 것일까

그것은 바로 교육의 차이 때문입니다. 세계에서 교육열이 뛰어난 두 민족이 있는데, 하나는 유대인이고 하나는 한국인이라고 합니다. 입시 학원이 가장 많은 나라가 우리나라입니다. 심지어 외국으로 이민을 가서도 입시학원을 만들고, 과외를 하는 사람은 우리나라 부모들뿐이라고 합니다. 이렇게 한국인과 유대인들이 똑같이 높은 교육열을 가졌음에도 불구하고 대학에 들어가는 순간부터 두 민족은 엄청난 차이를 발휘한다고 합니다. 우리나라는 대학에 들어가는 이유가 출세와 대학 입학 자체에 있다고 합니다. 그래서 대학에만 들어가면 더 이상 공부를 하지 않는다고 합니다. 왜냐하면 이미 목적이 달성되었기 때문입니다.

얼마 전, 정부가 발표한 통계에 의하면 한국 대학생 중 음주 경험이 있는 학생이 99%이고, 지금도 습관적으로 음주하고 있는 학생이 97%라고 합니다. 한국의 대학가를 보십시오. 술집들이 난무합니다. 알려진 유흥가는 대부분 대학가에 몰려 있습니다. 이렇게 목적의식이 사라진 사람들은 술에 취할 수밖에 없는 것입니다. 그러나 유대인들의 교육 목적은 다르다는 것입니다. 그들은 13세가 되면 성년의식을 행합니다. 그러나 이 시기 이전에 그들은 이미 모든 기본 교육을 다 받고, 인생에 분명한 목적을 가진다고 합니다.

유대인들은 성년이 될 때까지 교육은 가정 안에서 부모가 책임을 진다고 합니다. 부모들은 신 6:4-9의 말씀으로 하나님을 사랑하는 것에 대하여 가르치며, 모든 일의 동기가 하나님을 사랑하는 것에서부터 시작되도록 가르친다고 합니다. 다시 말해서 부모들이 이렇게 자녀들에게 뚜렷한 목적의식과 가치관을 어려서부터 심어 준다는 것입니다. 이것이 바로 한국의 교육과 유대인의 교육의 가장 큰 차이라고 합니다. 그래서 유대인들은 세계에서 가장 큰 영향력을 발휘하게 된다는 것입니다. 그들은 자녀들에게 "마음과 뜻과 성품을 다하여 너의 하나님을 사랑하라. 길을 걸어갈 때도, 누웠을 때도 이것(성경)을 가르치라"라는 말씀을 어릴 적부터 자녀들에게 가르친다는 것입니다. 그래서 그들은 돈을 벌거나 출세를 하는 목적이 다른 사람을 이롭게 하는 데 있다는 것입니다. 우리 자녀들도 이렇게 성경 말씀을 가지고 교육을 시킨다면, 아마 세계에서 가장 뛰어난 인물들이 나오지 않을까 생각합니다.

「부자는 결코 천재가 아니었다」라는 책을 보면 백만장자들에게 중·고등학교와 대학에서 공부를 잘했느냐고 질문했더니, 단지 30%만 자신이 A학점에 해당하였다고 대답했고, 나머지 70%는 B. C, D학점에 해당했다고 답했습니다. 그리고 그들의 학력을 조사하니까 그들 중 90%는 대학을 졸업했고, 그들의 평균성적은 2.9학점밖에 되지 않았다고 합니다. 이 말은 마치 우리는 유대인들 하면 마치 다 천재인 줄 알지만 조사해 보니 그렇지 않더라는 것입니다. 그러므로 부자가 되는 것 역시 천재들만 되는 것이 아니라 누구나 될 수 있는 것입니다.

「한국의 부자들」이란 책을 보면 우리는 부자가 되려면 재물 운이 있어야 한다고 생각하는데, 진짜 부자들은 재물 운을 탓하지 않는다는 것입니다. 그들의 말에 의하면 재물 운은 5%밖에 되지 않고, 나머지 95%는 부단한 노력으로 이루어졌다고 합니다. 그 중에 어떤 사람은 말하길 재물 운이 0%라 할지라도 자신이 노력하면 부자가 될 수 있다고 하며, 부자는 100% 노력으로 되어지는 것이지, 타고난 운으로 되는 것이 아니라고 말한 사람도 있습니다. 그렇다면 이 말은 누구나 다 부자가 될 수 있는 운을 이미 타고났다고 보면 되는 것입니다. 우리가 부자가 되지 못하는 이유는 다만 노력하지 않아서 부자가 되지 못하는 것이지 타고난 재물 운 때문은 아니라는 것입니다. 그는 예수를 믿지 않기에 재물 운을 언급했지만, 우리 식으로 말하면 부자가 되는 것은 하나님이 예정해 놓거나, 특별히 사랑해서 부자가 되는 것이 아니라 얼마나 하나님과 이웃을 위해 살았느냐에 따라 부자로 사느냐 가난하게 사느냐가 달려 있다는 말입니다.

또 어떤 책을 보니까 백만장자들은 운을 믿고 있는데, 그들은 운에 대하여 이렇게 말했습니다. "당신이 열심히 일하면 일할수록 운은 더 많이 생긴다"라고 말입니다. 다시 말해 성공을 만드는 것은 행운이 아니라 얼마나 부단히 노력했느냐 하는, 노력의 결과에 의해 성공이 달렸다는 것입니다. 어느 미국 작가의 말을 빌리면 "행운이 무작정 무엇인가 일어나기를 마냥 기다리는 것이라면, 노력은 날카로운 강한 의지로 무엇인가 일어나게 만드는 것이다"라고 말한 것 같이, 성공은 노력으로 만들어 성취하는 것이지 결코 운에 의해 좌우되는 것이 아닙니다.

어떤 분은 말하길 "노력은 신이 남보다 뛰어난 사람에게 요구하는 대가이다"라고 말한 것 같이 하나님은 남보다 뛰어난 사람을 찾는 것이 아니라 이렇게 노력하는 사람을 찾고 계시며, 그들에게 또한 부요를 안겨 주신다는 것입니다. 운도 실력이란 말이 있습니다. 다시 말해 우리가 말하는 행운도 실력이 있고, 노력하는 자에게만 따르는 것이지, 행운이나 요행을 기다리는 사람에게 따르는 것이 아니라는 것입니다. 우리는 '내가 못 배워서, 집안이 가난해서 부자가 되지 못했고 성공하지 못했다' 고

하며 남의 탓으로 실패를 돌리려 하지만 세계적인 부자들은 그렇게 말하지 않습니다. 그들은 이런 행운을 가지고 태어나는 경우는 5%도 되지 않고, 거의 다 자기가 열심히 기도하며 노력했을 때 부자가 되었다고 했습니다.

마이크 머독의 책을 보면 솔로몬은 열등의식에 빠져 있었다고 합니다. 왜냐하면 아버지 다윗은 용사요, 군인이요, 강력한 카리스마를 소유한 자였기 때문입니다. 그러나 그는 전혀 그렇지 못한 사람이었다는 것입니다. 왜냐하면 그는 용사도 아니었고, 또한 장사도 아니었고, 장자도 아니었습니다. 그리고 강력한 리더십도 없는 자였습니다. 그래서 그는 그 열등의식을 극복하기 위해 기브온 산에 가서 일천번제를 드리고, 백성을 다스릴 수 있는 지혜를 달라고 기도했습니다. 결국 그 기도는 응답이 되어 그는 역사상 최고의 강력한 나라와 부요와 지혜를 소유했습니다. 그러므로 이 책을 보시는 분들 중 '나는 백그라운드가 없어서 실패했느니' 하는 말을 하시지 않기 바랍니다. 솔로몬이 열등감을 극복하기 위해 노력한 것 같이 우리도 그렇게 노력하면 틀림없이 성공할 수 있을 것입니다.

3. 생각만 바꾼다고 부자가 되는 것은 아니다

많은 재테크 지침서를 보면 생각만 바꾸면 부자가 될 수 있다
고 주장하지만, 그러나 실제 부자들과 성공한 자들의 이야기를
들어보면 그렇지 않다는 것입니다. 생각만 바꾸어 가지고는 부
자가 될 수 없다는 것입니다. 그러나 중요한 것은 이렇게 생각
만 바꾸어서는 부자가 될 수는 없을지 모르지만, 생각을 바꾸는
그 순간, 부자가 될 자격은 갖추게 되는 것입니다.

제가 너무 어렵게 생활하며, 개척 교회에서 전전긍긍 사역하
다 보니 십여 년 전부터 부요해지는 것에 대하여 관심이 많아졌
습니다. 제가 부자가 되기 위해서가 아니라 섬기는 성도들은 저
와 같이 가난하지 않았으면 해서였습니다. 또한 잘못 투자해서
실패하지 않았으면 해서였습니다. 그래서 국가적으로 가장 어
려웠던 IMF 때 무료 창업 세미나가 있어 열심히 참석했습니다.
저는 그곳에서 많은 정보를 대할 수 있었고, 배울 수 있었으며,
왜 우리가 실패하는지 그 원인을 분석할 수 있었습니다.

요즘도 보면 많은 사람들이 창업을 하지만 성공할 확률은
10%밖에 되지 않는다고 합니다. 그러면 왜 90%는 실패할까요?

그것은 세상 물정과 돈에 대하여 너무 모르기 때문이라는 것입니다. 그런데 창업 세미나에 가면 그 모든 방법을 다 가르쳐 줍니다. 그래서 저는 창업을 준비하시는 분들께 지면을 통해 부탁드리고 싶습니다. 그것은 실패하지 않는 사업과 창업을 하시려면 전문가의 지도를 반드시 받으라는 것과, 창업 세미나를 하는 곳에 참석해 배우라는 것입니다. 이렇게 지도를 받고 창업을 하시는 분들은 지금도 실패하지 않습니다.

우리는 믿음만 있으면 되지 뭐, 성령 충만하면 되지 하며 밀어붙이기 식으로 사업과 창업을 하시는데, 솔로몬은 이렇게 밀어붙이기 식으로 나라를 경영하지 않았습니다. 그는 나라를 경영하기 위해 전문가이신 하나님께 번제를 드리고, 지혜를 얻었습니다. 그리고 그 지혜를 가지고 나라를 경영하자 세계 최강국이 되었던 것입니다. 이와 같이 솔로몬도 믿음이 좋았고 성령 충만했지만, 그도 번제와 지혜를 통해 나라 경영에 성공했던 것입니다. 그러므로 우리도 솔로몬과 같이 번제도 드리고, 지혜자인 전문가의 지도를 받으며, 사업을 하시든 창업을 하시길 바랍니다. 그러면 크게 실패를 경험하지 않을 것입니다.

창업 세미나에서 맨 처음 하는 훈련이 고정관념을 깨트리는 훈련이었습니다. 다시 말해 우리의 잘못된 생각과 마인드를 바꾸는 훈련이었습니다. 이 훈련을 통해 저는 생각의 중요성을 다시 한 번 깨달을 수 있었습니다. 저는 많이 개방되어 있는 사람에 속합니다. 그래서 무조건 이단이다, 삼단이다 정죄하기 전에 반드시 심사숙고하고, 자세히 알아보고 정죄합니다. 그리고 옳은 것은 그대로 받아들이는 그런 성격입니다. 무조건 교리 때문에 반대하고, 내 생각에 맞지 않는다고 거절하는 그런 성격은 아닙니다. 또한 아테네 사람들처럼 새로운 것에 관심이 많고, 변화에 뒤처지지 않으려고 노력을 합니다. 그런데 제가 창업 세미나에 가서 생각을 바꾸는 훈련을 하고 보니 이렇게 개방적인 줄 알고 있던 저도 수많은 고정관념이라는 틀에 갇혀 있는 것을 발견할 수 있었습니다. 다시 말해 잘못 생각하는 것들이 너무 많다는 것입니다.

저는 그때 생각을 바꾸는 것이 얼마나 중요한가를 깨달았습니다. 그 후 저는 무엇을 하든지 먼저 묵상하며 다각도로 생각하며, 어떻게 하면 좋겠느냐고 성령님께 여쭈어 보는 습관을 갖게 되었습니다. 현대 철학자 훗설은 현상학적 환원이라 해서 우리의 생각을 바꾸는 것은 마치 종교를 바꾸는 것과 같이 어렵다고 했습니다. 우리의 고정관념을 포맷시키는 것은 말처럼 그리 쉬운 일이 아닙니다.

많은 분들이 이렇게 기도합니다. "하나님, 저는 주님을 위해 순교할 수 있고 재산을 다 바치라 하면 바칠 수도 있습니다." 그런데 하나님은 이들에게 "지금 순교하라"고 하시지 않습니다. 하나님은 우리에게 순교를 요구하시지 않고, 오히려 "너 생각이나 좀 바꾸어라" 하고 요구하십니다. 그런데 우리는 이렇게 고백합니다. "하나님! 저는 주님을 위해 순교는 할 수 있는데 생각은 바꾸지 못하겠습니다" 라고 말입니다.

저는 진짜 순교가 무엇일까 하고 생각해 봅니다. 진짜 순교는 목숨을 버리는 것이 아니라 우리의 잘못된 생각과 고정관념과 선입관을 바꾸는 것이 아닐까요? 왜냐하면 순교당하는 것은 쉽지만 생각을 바꾸는 것은 순교보다 더 어렵기 때문입니다. 그래서 저는 진짜 순교는 목숨을 주님께 드리는 것이 아니라 우리의 잘못된 생각을 바꾸는 것이라고 생각합니다.

이 시대에 주님이 우리에게 원하시는 순교는 목숨이 아닙니다. 바로 생각을 바꾸는 것입니다. 이렇게 생각을 바꾼다는 것은 말처럼 쉬운 것이 아닙니다. 순교보다 더 어려운 것이 바로 생각을 바꾸는 것입니다. 우리가 진짜 솔로몬과 록펠러와 같이 부자가 되고 싶고 성공하고 싶다면, 가장 먼저 해야 할 훈련이 있습니다. 그것은 생각을 바꾸는 것입니다. 이렇게 우리가 생각을 바꾸면 이제 우리는 하나님의 복을 받아 부자와 성공할 수 있는 자격을 갖춘 것입니다.

4. 아이디어가 아니라 자금관리로 성공하는 것이다

앞에서 말씀드렸듯이 생각을 바꾸었다고 해서 부자가 되는 것이 아니라 생각을 바꾸면 부자가 될 수 있는 자격을 갖추었다고 보면 됩니다. 왜냐하면 이 모든 것은 마인드에서 출발하기 때문입니다.

아이디어만 있으면 돈을 벌 수 있다고 말들 하지만 우리나라 부자들은 말하길 "돈 없이는 돈을 벌 수 없다"고 합니다. 이렇게 돈에 대한 우리의 고정관념과 부자들의 생각은 다릅니다. 우리는 생각만 바꾸면 부자가 될 수 있다고 생각하는데, 실제로 부자들의 생각은 돈이 돈을 벌게 한다는 것입니다. 실제로 MS DOS를 처음 개발한 자는 빌 게이츠가 아닙니다. 루머에 의하

면 사실 한국 사람이라고 합니다. 그런데 그가 돈을 주고 이 아이디어를 샀다고 합니다. 우리는 좋은 아이디어와 기술력만 있으면 제품이 출시되자마자 곧바로 대히트를 친다고 생각하는데 그렇지 않습니다. 왜냐하면 어느 제품이든지 대히트를 치기까지는 5~13년이 걸린다는 것입니다. 전자레인지도 개발하여 상용화되는 데 13년이 걸렸다고 합니다. 돈이 있어야 하는 이유가 바로 13년을 버틸 수 있는 자본이 있어야 하기 때문이라는 것입니다.

아이디어는 다만 기회일 뿐입니다. 이 기회를 현실로 만들기 위해서는 돈이 있어야 된다는 것입니다. 돈만 있으면 빌 게이츠처럼 아이디어가 없어도, 다른 사람의 아이디어를 사서 상용화시키면 되는 것입니다. 그래서 부자들은 아이디어보다 자금관리에 더 신경을 쓴다고 합니다. 그러나 가난한 사람들은 아이디어에 신경을 쓴다고 합니다. 이것이 부자들의 생각과 우리 생각의 차이라는 것입니다.

사업에 성공한 경영자들에게 사업 성공의 관건이 무엇이냐고 물으면 뜻밖의 대답이 나온다고 합니다. 우리는 기술력과 좋은 아이디어라고 생각하지만 그들은 말하길 기술력과 아이템은 세 번째고 효율적인 자금 관리가 첫 번째라고 대답한다는 것입니다. 다시 말해서 아이템보다는 자금관리가 더 중요하다는 것입니다. 왜냐하면 자금력이 없으면 아무리 좋은 기술력과 아이템을 가지고 있어도 일시적인 불황만 와도 그 회사는 무너지기 때문이라는 것입니다.

D라는 사람이 처음에 제조업체를 경영했다가 실패했다고 합니다. 그 이유는 공장부지를 물색해 건물을 짓고, 설비 투자를 하고, 다른 회사에 다니는 엔지니어를 스카우트해 처우를 개선

해 주는 바람에 다른 사람까지 인건비 상승요인이 되어 결국 제품 시험 생산을 하기도 전에 자금난에 시달리다 망했다고 합니다. 그리고 그 후 그는 다시 사업을 시작했는데 그때는 달랐다고 합니다. 이제는 자린고비로 변해 사무실 집기는 다 중고 가구시장에서 구입했고, 고급 인력보다는 월급을 적게 주더라도 불만이 없는 사람을 채용했다고 합니다. 그리고 버티고, 버티다 보니 회사가 흑자를 내었고, 은행에 돈이 쌓이게 되었다고 합니다. 그는 회사는 아이템보다 자금 관리가 더 중요하다고 강조했습니다.

또한 역사적으로 볼 때 독창적인 아이디어를 생각해 낸 사람은 일반적으로 그다지 돈을 많이 벌지 못했다고 합니다. 이런 독창적인 아이디어를 현실화시켜 돈을 벌기 위해서는 그러한 아이디어를 돈으로 연결시킬 수 있는 기술을 가진 사람에 의해서 자본화 될 수 있을 때 가능했다고 합니다.

월마트의 창립자 샘 월튼은 경쟁업체의 아이디어를 도용하는 것을 자랑스럽게 생각한 사람이었다고 합니다. 이 샘 월튼은 아이디어를 돈으로 만드는 방법에 대해 철저하게 잘 아는 사람이었다고 합니다. 또한 로스 페로라는 사람이 역만장자가 될 수 있었던 것은 새로운 아이디어를 고안해 냈기 때문이 아니라, 단지 이미 다른 사람이 생각해 냈지만, 활용하지 못했던 아이디어를 돈으로 바꾸는 방법을 알고 바꾸어 상품화했기 때문이라는 것입니다. 마찬가지로 샘 월튼도 할인 판매업에 대한 새로운 아이디어로 성공한 것이 아니라, 이미 성공한 사람들의 방식을 모방해 성공했다는 것입니다.

그러므로 고정관념을 가진 사람들은 아이디어만 개발하려고 합니다. 그러면 부자가 되는 줄 알고 말입니다. 그러나 부자들은 아이디어 개발에는 그다지 신경을 쓰지 않는다고 합니다. 그들은 좋은 아이디어를 돈으로 삽니다. 그리고 다른 사람이 성공한 좋은 모델이 있으면 그것을 도용해 모방합니다. 그들이 도용하고 모방해 성공했다고 해서 그들은 그것을 절대로 수치로 생각하지 않습니다. 그래서 세계적인 부자들을 보면 모방을 잘했지 창조를 잘하지 않았습니다. 또한 그들은 아이디어를 고안해 내지 않았습니다. 그들은 아이디어를 돈을 주고 사서 더 발전시켰을 뿐입니다. 록펠러도 그랬고, 힐튼도 그랬고, 워너 메이커도 그렇게 했습니다. 또한 빌 게이츠도 그렇게 했고, 샘 월튼도 그렇게 했습니다.

부자가 될 수 있는 조건은 이미 우리도 다 가지고 있습니다. 그런데 우리가 부자가 되지 못하는 이유는 고정관념에 사로잡혀 생각을 바꾸지 않으려 하기 때문이며, 노력하지 않기 때문입니다. 또한 성공한 사람들을 흉내내거나 모방하려 하지 않고, 그것을 수치로 생각하기 때문입니다. 그러므로 우리가 부자가 되고, 성공하고 싶다면 이런 잘못된 생각을 바꾸어야 합니다.

6장

부자가 되기 위해서는 마중물을 만들어야 한다

1. 부자가 되기 위해서는 마중물을 만들어야 한다

앞장에서 살펴보았듯이 부자들이 가장 중요시 여기는 것은 바로 자금입니다. 그들은 이 막대한 자금을 가지고 전투적으로 다른 사람들의 아이디어를 돈을 주고 이용해 결국 시장을 평정해 갑니다. 그러므로 부자가 되기 위한 조건 중 하나가 바로 자금 관리입니다. 펌프질은 지금 시골에서도 흔히 볼 수 있는 것이 아닙니다. 펌프질을 할 때 그냥 펌프질을 하면 물이 올라오지 않습니다. 반드시 물을 한 바가지 먼저 펌프에 부은 뒤 열심히 펌프질을 해야 생수가 벌컥벌컥 나오는 것입니다. 여기서 마중물이란 생수를 끌어올리게 하는 한 바가지의 물을 말합니다. 아마 그 물을 마중물이라 한 이유는 그 물이 많은 물들을 끌어올리기 위해 마치 마중 나가는 것과 같아서 그렇게 붙여진 것 같습니다. 부자들은 이 마중물 같은 돈, 즉 종자돈을 만들기 위해 부단히 노력했다고 합니다. 왜냐하면 이 마중물이 있어야 부자가 될 수 있기 때문입니다.

2. 종자돈을 만들려면 아끼고 저축하는 방법밖에 없다

부자들이 목돈을 만들기까지는 저축을 했고, 그리고 목돈이 만들어지면 부동산에 투자했다고 합니다. 그들은 가혹하리만큼 종자돈인 마중물을 만들기 위해 스스로를 코너로 몰아붙여, 수입의 50~70%를 무조건 저축했다고 합니다. 그리고 나머지 30~50%를 가지고 빠듯하게 생활한다고 합니다. 보통 사람들은 돈을 모으기 위해 저축한다고 하지만, 부자들은 돈을 모으기 위해 저축하는 것이 아니라 부자가 되기 위해 저축을 했다고 합니다. 왜냐하면 돈을 모으기 위해 저축을 하게 되면 불필요한 소비로 이어지고, 멀쩡한 자동차를 팔고 신형차로 교체하거나 아니면 그 돈을 가지고 해외여행 경비로 쓰기 때문이라는 것입니다.

그러나 부자가 되기 위해 저축하는 사람은 종자돈이 마련되기까지는 아주 쩨쩨하다고 합니다. 그래서 부자가 되려면 쩨쩨하다는 말을 듣지 않으면 안 된다는 것입니다. 그들은 부자가 되기 위해서는 아껴 쓰고, 저축해서 되는 것이 아니라 쓰지 않고 저축해야 된다고 말합니다. 부자들의 말을 들어보면 일단 마중물이 마련되면 그 다음부터 돈버는 것은 아주 쉽다고 합니다.

그 돈을 잘만 투자하면 순식간에 눈덩이처럼 불어난다는 것입니다. 그러나 문제는 이 종자돈을 마련하기까지가 문제라는 것입니다. 그래서 부자의 자질이 있느냐 없느냐는 운으로 결정되는 것이 아니라 바로 쓰지 않고 저축할 수 있느냐 없느냐는 의지로 결정된다고 합니다.

세계적인 부자인 록펠러 역시 단 1%도 낭비하지 않았고, 어려서부터 아끼는 것이 생활화가 되어 종이 조끼를 입는가 하면, 결합문자로 만든 소매 단추를 자랑삼아 달고 다녔고, 이미 다른 가정에서 사용했던 포장지를 재활용할 만큼 아꼈다고 합니다. 이렇게 종자돈을 마련하기 위해 아낀 록펠러였지만, 교회를 위한 헌금은 전혀 아끼지 않았다고 합니다. 다시 말해서 세계적인 부자가 되기 위해서는 사람에게는 쩨쩨해도 하나님 앞에 쩨쩨해서는 안되고, 하나님 앞에 많이 심지 않으면 세계적인 부자는 될 수 없다는 것입니다. 그러므로 세계적인 부자가 되고 싶으면 종자돈을 만들기 위해 아끼시기 바랍니다.

그리고 부자가 된 후에도 아끼시길 바랍니다. 그러나 하나님께 쩨쩨하고, 아껴서는 안 됩니다. 왜냐하면 그렇게 하면 세계적인 부자는 될 수 없기 때문입니다. 우리나라에도 부자들이 있습니다. 그러나 우리나라 부자는 우리 나라 부자이지, 세계적인 부자는 아닙니다. 우리나라 부자가 세계적인 부자가 되지 못하는 이유는 바로 하나님께 쩨쩨하기 때문입니다. 그러므로 세계적인 부자가 되고 싶으면 하나님께 심으시길 바랍니다.

3. 담배와 술을 끊고 살을 뺄 정도의 의지만 있어도 종자돈을 마련할 수 있다

부자들의 공통적인 특징을 조사했는데, 그들은 한결같이 담배를 피우지 않는다는 것이었습니다. 그래서 기자가 원래부터 담배를 피우지 않았냐고 물었습니다. 그들은 젊어서는 골초였다고 대답했다고 합니다. 그런데 어떻게 담배를 끊었느냐고 물으니 그냥 끊었다고 합니다. 왜냐하면 담배를 피우면 돈도 낭비되고, 냄새나고, 일하는 데 지장도 있어서 그냥 끊었다고 합니다. 그들이 담배를 끊은 또 다른 이유는 사람들과 협상을 할 때 담배 피우고, 냄새를 풍기면 실례가 되기 때문이며, 또한 담배 피는 시간도 아까워 담배를 끊었다고 합니다.

전 국무총리였던 김종필 씨는 원래 담배를 많이 피웠다고 합니다. 그런데 세계적인 정치인들을 만나 보니 담배 피우는 사람이 없더라는 것이었습니다. 그래서 그는 단번에 담배를 끊었다고 합니다. 어떤 사람들은 담배를 끊으려고 부단히 노력합니다. 그러나 결국 작심삼일로 끝이 납니다. 그런데 중요한 사실이 있습니다. 부자들과 성공한 사람들은 담배를 끊는 데 어떤 요령이나, 방법이나, 시간을 들여 담배를 끊은 것이 아니라 한순간에 담배를 끊는다는 것입니다.

우리가 부자가 되고 싶고, 성공하고 싶다면 술과 담배를 단숨에 끊을 수 있는 의지만 있으면 됩니다. 이런 의지를 가진 자가 바로 마중물을 준비하고, 그것을 굴려 부자가 될 수 있는 것이지 술과 담배조차 끊을 수 없는 사람은 결코 부자가 되고 성공할 수 없다는 것입니다.

어떤 부자에게 한 여자가 찾아와 어떻게 해야 부자가 될 수 있느냐고 물었습니다. 그러자 부자는 말하길, 부자가 되려면 살부터 빼고 찾아오라고 했다는 것입니다. 어떤 사람들은 말하길 "나는 물만 먹어도 살쪄요" 하는데 부자들은 이런 말을 가장 싫어한다고 합니다. 마치 살찌는 것이 자기 책임이 아닌 특이체질로 돌리려 하는데, 연구결과에 의하면 살이 안 찌는 사람은 자동차로 갈 길도 걸어가고, 걸어 갈 길도 뛰어간다는 것입니다.
그러나 살찐 사람은 걸어가도 될 거리도 차를 타고 간다고 합니
다. 왜냐하면 움직이기를 싫어하기 때문이라는 것입니다. 결코
특이체질 때문이 아니라는 것입니다.

부자들은 말하길 살을 뺄 정도의 인내력과 노력과 의지가 있
다면 그도 부자가 될 수 있다고 합니다. 다시 말해 당신이 술과
담배를 일순간에 끊을 수 있는 의지와 살을 뺄 수 있을 정도의
의지만 있다면 얼마든지 마중물인 종자돈을 마련할 수 있고, 부
자가 될 수 있는 자격이 있다는 것입니다.

4. 기회는 종자돈을 마련한 자에게 온다

부자들은 종자돈을 마련하기 위해 부단히 아끼고 저축하고 노
력했습니다. 그리고 종자돈이 마련되면 투자를 했습니다. 그래
서 그들은 부자가 되었습니다. 그들이 그렇게 종자돈을 만들려
고 노력한 데는 그만한 이유가 있었습니다. 그것은 종자돈을 만
들어 놓지 않으면 부자가 될 기회조차 오지 않기 때문이라는 것
입니다. 아니 기회가 온다 해도 잡을 수가 없기 때문이라는 것

입니다.

　하나님은 언제나 준비된 자를 쓰시는 것 같이, 부자들에게 있어 부자가 될 준비는 종자돈을 마련하는 것입니다. 이런 종자돈이 준비가 되면 반드시 기회가 온다는 것입니다. 그러면 그때 어영부영하거나 망설이지 말고 투자하라는 것입니다. 그러므로 기회를 잡고 싶으면 빨리 종자돈을 마련하라는 것이 그들의 당부입니다. 그들이 말하는 기회는 언제든지 투자할 수 있는 돈을 준비해 놓는 것을 말합니다.

　부자가 되기 위해서는 마중물인 종자돈을 만들어야 하는데, 그 종자돈은 하나님께 심으며, 아끼고 절약하고, 저축할 때 마련할 수 있습니다. 그리고 그 종자돈을 만들 수 있는 사람은 술과 담배와 살을 뺄 수 있을 정도의 의지만 가지고 있으면 됩니다. 그리고 종자돈이 준비된 자에게 기회가 찾아옵니다.

7장

주식 투자를 통해 확실하게 부자 되는 방법

1. 주식 투자의 주기

성도들 중에 많은 사람들이 주식에 투자하고 있습니다. 그래서 이유 없이 빚을 지고 있다면 그것은 거의 다 주식에 투자해 손해를 봤다고 보면 되는 것입니다. 제가 이 책에서 주식을 다루는 것은 주식 전문가여서가 아니라 어떻게 하면 주식에 투자하는 성도들에게 도움이 될까 하는 차원에서입니다. 주식에 투자하는 성도들은 목사님이 아무리 말려도 주식에서 손을 떼지 못합니다. 왜냐하면 주식은 마약보다 더 무서운 중독성이 있기 때문입니다. 그렇다면 차라리 음성적으로 투자하고 있는 성도들이 이익은 고사하고 손실이나 적게 보게 해야 되지 않을까 해서 본장을 쓰게 되었습니다. 이 글을 쓰기까지 10년 동안 주식시장을 매일같이 지켜보았고, 또한 그에 관한 책들도 여러 권을 읽었기 때문입니다.

우리나라 경제에는 그 주기가 있는데, 5~6년에 한 번씩 호경기와 불경기가 온다는 것입니다. 다시 말해 한 번 불경기가 오면 최소 2~3년은 그 여파가 몰아치고, 다시 호황이 오면 5~6년은 간다는 것입니다. 그래서 주식이든 부동산이든 투자해서 돈을 벌 수 있는 것은 십 년에 한 번 또는 두 번 정도라 보면 됩니다. 이 경제 주기를 잘못 알고 투자하면 큰 낭패와 실패를 경험하게 됩니다. 역시 주식으로 돈 벌 수 있는 기회도 10년에 한두 번 정도밖에 오지 않습니다.

주식도 역시 한 번 상승을 하면 쉽게 곤두박질치지 않고 3년 정도를 유지합니다. 그리고 점차 빠지는 데 역시 1년 정도가 걸리고, 다시 그 상태로 2년 정도를 갑니다. 그리고 다시 상승하는 데 1년 정도가 걸립니다. 주식은 최고점이 오면 최고점이 왔다고 신호를 세 번 정도 보내고 하락하기 시작합니다. 또한 주식이 바닥에 왔다가 상승하기 시작할 때도 그냥 상승하는 것이 아니라 최하점에서 3번 정도 사인을 보내고 서서히 상승곡선을 타기 시작합니다. 그러면 그것이 최고점인지 바닥인지 어떻게 아느냐고 하는데, 전문가들은 최고점을 3번 찍고, 3번째 최고점을 찍고 나서는 큰 폭의 등락을 거듭하면, 이는 주식의 최고점이라는 신호라 보면 된다는 것입니다. 그리고 그 후에는 추락하게 되어 있다는 것입니다. 마찬가지로 바닥인 경우도 똑같다는 것입니다. 세 번 정도 바닥을 찍고 다시 마지막 바닥을 큰 폭으로 찍은 후 큰 폭의 등락을 거듭하면 이는 바닥이라는 뜻이며, 이제 상승곡선을 타기 시작했다고 보면 된다는 것입니다. 또한 주식은 언제나 1월부터 4월까지는 상승했습니다.

왜냐하면 각 회사마다 주주총회가 있기에 주식을 매입해 주식 시세를 올려 주주들로부터 질타를 받지 않기 위해서 자기회사 주식을 회사 차원에서 매입하기 때문이라는 것입니다. 그러므로 주식에 투자하고 싶으면 1~4월까지만 하시길 바랍니다. 그러나 이것도 빗나갈 때가 있으니 유의하시길 바랍니다. 또한 우리나라 주식은 미국의 다우존스와 나스닥에 큰 영향을 받고 있습니다. 그러므로 미국발 악재와 호재에 많은 관심을 가져야 합니다.

미국의 경제 주기를 알면 주식에 큰 도움이 되는데, 미국의 경제 주기는 약 7년마다 한 번씩 돌아가고 있습니다. 이 미국의 경제 주기도 주식투자에 있어서는 간과하지 말아야 할 중요한 포인트입니다. 또한 현재 우리나라 주식시장의 움직임은 외국인이 앞서 달려가면 개인과 기관이 뒤따르고, 잠시 후 증권사에서 강력 추천 종목으로 추천을 하게 됩니다. 그러나 이렇게 추천 종목이 되어 매수하면 이미 늦었다고 보면 될 것입니다. 또한 우리나라 경기흐름을 한눈에 알기 위해서는 신문 아래에 있는 하단 광고를 참고하면 되는데, 만약 우리나라 경기가 나쁘면 신문 하단광고에 책이나 약품 광고만 실린다는 것입니다. 그러나 경기가 좋으면 대그룹 전자제품이나 자동차 광고가 많이 나온다고 합니다. 그러므로 이런 것들을 기본으로 알고 투자를 하면 많은 도움이 되지 않을까 합니다.

2. 금리와 부동산과 주식투자의 관계

부자들의 투자 원칙은 금리에 의해 정해진다고 합니다. 그들에게는 은행 금리보다 조금이라도 이윤이 많으면 투자 대상이 된다고 합니다. 그래서 은행 금리보다 이윤이 많으면 그들은 부동산이나 주식에 투자한다고 합니다. 경제가 어려우면 국가에서 금리를 인하하고 경기를 부양하기 위해 부동산 규제를 완화하기 시작하는데, 그러면 이때 시중에 있던 자금이 부동산 투자에 몰리기 시작한다는 것입니다. 그리고 다시 부동산 투기 억제를 하면 주식으로 그 돈이 다시 몰린다고 합니다. 그러므로 주식과 부동산과의 관계는 언제나 반비례한다고 보면 될 것입니다. 시중의 돈은 항상 움직일 준비가 되어 있습니다. 그래서 조금이라도 틈이 보이면 그 돈들은 그 틈을 타서 움직이기 시작하는 것입니다.

3. 주식으로는 큰돈을 벌 수 없다

투자 전문가들은 말하길 주식에 투자하는 것만으로는 누구도 10억 달러 이상은 벌 수 없다고 말합니다. 부자들을 조사한 결과 그들 대부분은 주식을 통해 부자가 된 것이 아니라 부동산 투자를 통해 부자가 되었다고 합니다. 이처럼 부자들은 주식에 목숨을 걸지 않습니다. 그러므로 주식을 통해 큰돈을 벌겠다는 야욕은 일찍 버리는 것이 좋습니다. 부자들의 주식 투자 현황을 파악한 어떤 책을 보면 부자들도 처음에는 주식에 대박 욕심을 부렸다가 많은 손실을 경험하고 주식 대박을 꿈꾸지 않고, 수익률을 30%만 잡는다는 것입니다.

그들은 말하길 "주식해서 은행 금리보다 조금 더 벌면 되고 수익률의 30%가 되면 매도한다"고 합니다. 더 이상 미련을 갖거나, 아쉬워하지 않는다는 것입니다. 주식에서 꼭 명심해야 할 것이 있습니다. 그것은 주식해서 떼돈 번 사람은 거의 없다는 것입니다. 그리고 부자들은 주식에서 떼돈을 벌 생각하지 않고, 떼돈은 부동산 투기를 통해 번다고 합니다. 그런데 우리는 부자들과 반대로 하고 있습니다. 주식에서 떼돈을 벌려고만 하고 있는 것입니다. 그래서 결국 큰 손실을 보게 되는 것입니다.

4. 주식으로 확실하게 돈 버는 방법

주식 투자로 부자가 된 사람이 있는데, 그는 2001년 9. 11테러가 터진 다음날 주식을 샀다고 합니다. 다시 말해 2001년 9월 12일 지수가 475.60일 때 사서 2002년 3월 14일 지수가 856.86일 때 팔았다고 합니다. 그가 매입한 종목은 삼성전기와 삼성중공업 현대자동차, 평화산업, 엘지건설, 한국유리, 동양화

재 등이었다고 합니다. 그는 6개월만에 놀랍게도 100% 이상의 수익을 올렸습니다.

그가 이렇게 확실하게 주식에서 성공할 수 있었던 비결은, 그는 언제나 대형 악재가 난 다음날 주식을 사든지, 아니면 주가지수가 500선이 깨지는 날 산다고 합니다. 다시 말해 주식을 저가에 매입해 몇 년 동안 보유한 후, 오르면 매도하는 것입니다. 그는 주로 9.11테러, 아프가니스탄 전쟁과 이라크 전쟁과 같은 악재가 터지는 날 매수했다고 합니다. 그리고 지수가 850만 되면 무조건 매도한 후 다시는 투자하지 않았다고 합니다. 만약 이때 올랐다고 해서 또다시 매수하면 결국 상투를 잡는 추격 매수가 되어 망한다고 합니다. 그는 이 원칙을 언제나 지켰기에 결코 주식해서 손해를 보지 않았다고 합니다.

그러나 주식을 해 본 분들은 잘 아시겠지만, 이렇게 욕심을 부리지 않는다는 것이 결코 쉬운 일이 아닙니다. 제가 보기에는 주식해서 실패하는 사람들 중 종목을 잘못 선택해 실패한 경우는 거의 없다고 봅니다. 다만 욕심을 못 이겨 매도하고 보니 상승해 다시 추격 매수를 하는 과정에서 손실을 본 것으로 압니다. 그러므로 주식투자를 하기 전, 심리 테스트를 해 보았으면 합니다. 다시 말해 내가 주식에 적임자인지, 아닌지 말입니다.

만약 당신이 주식 투자에 적임자라면 저가에 매수해 고가에 매도한 후 다시는 주식 시세에 관심을 갖지 않을 것입니다. 또한 매일 주가지수나 투자 종목을 보지 않을 것입니다. 이렇게 보지 않고 관심을 최하 1~2년 정도 갖지 않을 자신이 있으면 주식 투자를 해도 되지만, 그렇지 않으면 주식 투자를 하지 않는 것이 좋습니다. 왜냐하면 그 욕심을 절제하지 못해 결국 후에는 큰 손실을 보게 되어 있기 때문입니다.

어쨌든 그는 우리나라 주식시장의 바닥을 500선으로 보고, 이 500선이 깨지면 매수 타이밍으로 알고 매수했고, 또한 주가지수가 850이 되면 그는 뒤도 돌아보지 않고 매도 시점이라 생각하여 매도했다고 합니다. 다시 말해 그는 500선이 깨진 다음 날 매수하여 2년을 가지고 있다 매도하였고, 그리고 2년이 될 때까지는 그 주식에 관심도 갖지 않는다고 합니다. 그래서 그는 주식에서 항상 성공했다고 합니다. 그는 말하길 우리나라 주식 시장은 대형 악재(전쟁)가 나지 않는 이상은 500선 이하로 빠지지 않고, 우리나라 주식 시장 규모에서 850선 이상은 기대하기 힘들다고 합니다.

그러나 그도 이제는 이 주장이 맞지 않을 것 같습니다. 왜냐하면 우리 나라 주식이 벌써 2,000선을 돌파했기 때문입니다. 그러므로 최고점은 이제 확인되었지만 문제는 바닥이 확인되지 않았기 때문입니다. 다시 말해서 우리나라 시장상 500선이 깨지는 날은 아마 어떤 대형 악재가 와도 없을 것이라는 것이 저의 생각입니다. 그러나 제 개인적인 생각으로는 약 1,000선이 바닥이 아닐까 합니다. 어쨌든 지금 우리나라 주식은 그 바닥을 알 수 없으므로 조심스럽게 투자했으면 합니다. 저 개인적인 생각으로는 주식 투자를 아예 하지 않았으면 하는 것이 솔직한 바람입니다.

주식을 해서 항상 큰 수익을 올린 그는 "저는 일 년에 한두 번밖에 매매를 하지 않아요. 사람들은 주식을 갖고 있다가 높은 값에 팔아야 돈을 번다고 생각하는데 사실은 그렇지 않아요. 주식을 얼마에 샀느냐가 가장 중요합니다. 돈을 벌고, 못 벌고는 이미 살 때 결정이 나는 것입니다." 그러면서 그는 시황이 좋지 않을 때 매수 타이밍을 잡는다고 합니다. 다시 말해서 그는 주가 지수를 가지고, 매도 타이밍을 잡지, 종목을 가지고 매수, 매도 타이밍을 잡지 않는다는 것입니다. 그리고 자기가 생각한 지수까지 오르면 더 이상 아쉬워하지 않고 곧바로 매도를 한다는 것입니다.

그는 이렇게 단순하게 지수를 가지고 매수, 매도 타이밍을 잡았다 합니다. 이 한 가지 원칙을 지킴으로 그는 결국 주식으로 계속 큰 돈을 벌 수 있었다고 합니다. 돈을 빌려서 주식에 투자하거나 카드를 긁어서 투자하면 안 됩니다. 왜냐하면 이자와 카드 빚에 시달리다 결국 욕심을 부려 매도 타이밍이 아닌데 매도하게 되고 추격 매수를 하기 때문입니다. 그러므로 주식은 빌려서 하면 안 되고 여유 자금으로 해야 합니다.

5. 주식 투자의 또 다른 매도와 매수 시점

앞에서 말씀드렸듯이 주식은 욕심 때문에 망하는 것입니다. 수익률만 적게 잡아도 크게 망하지 않는데 우리는 언제나 대박을 꿈꿉니다. 그래서 결국 망한다는 것입니다. 어떤 사람은 주식의 매수 시점을 시장에서 가르쳐 준다고 말합니다. 다시 말해서 주식 때문에 어떤 사람이 자살했다는 소식과 신문에 불황이라는 소식이 들려오면 이제 매수할 때가 되었다고 보면 된다는 것입니다. 또한 매도의 때 역시 주식 시장이 가르쳐 준다는 것입니다. 주식 열풍이 불어 주식의 "주"자도 모르는 사람들이 주식에 관해 말하고, 개미들이 주식에 투자하면 이는 천장이라 보면 된다는 것입니다. 다시 말해 매도 시점이라는 것입니다. 그리고 그때 매도하면 틀림없이 수익을 남길 수 있다는 것입니다.

주식의 기본원칙은 루머를 듣고 사서 소문에 팔라는 말인데, 그러나 이 말은 크게 잘못된 말이라는 것이 부자들의 말입니다. 왜냐하면 어떻게 루머를 믿고, 천금 같은 돈을 투자할 수 있느냐는 것입니다. 이렇게 투자하다가는 이용만 당하고 돈만 잃기 때문이라는 것입니다. 만약 루머에 사서 소문에 팔면 10번 중 한 번은 이익을 볼 수 있지만, 9번은 실패하여 결국 깡통을 찰 수밖에 없다는 것입니다. 그러므로 주식에 성공하려면 루머가 아닌 눈으로 확인하지 않고는 믿지 말라는 것입니다. 여기서 눈이란 그 회사의 6개월 전의 매출과 영업이익과 경상이익과 순이익을 자세히 살펴보고 투자하라는 것입니다.

어떤 주식 전문가는 "시끄러운 곳에는 돈 벌 기회가 없다"고 말했습니다. 즉 루머를 두고 하는 말입니다. 그는 "눈으로 확인하지 않은 루머는 믿지 말라"고 했습니다. 이것이 그의 투자 원칙이라고 합니다. 이 말은 마치 좋은 땅이 있으니 땅을 사라고 하는데, 사실 좋은 곳이 있으면 자기가 살 것이지 왜 남에게 소개시켜 주겠느냐는 것입니다. 그러므로 루머는 단지 참고 사항에 지나지 않는다는 것입니다. 그러므로 주식은 루머에 의해 사서는 안 되고, 소문에 매도해도 안 되고 눈으로 학인한 후 매수, 매도하라는 것입니다.

주식으로 돈을 벌고 있는 D씨는 "주식 시장에는 두 가지 종목이 있다"며 하나는 루머에 민감한 종목이 있고, 다른 하나는 루머와 관계없는 종목이 있다는 것입니다. 그런데 그는 루머에 민감한 종목은 건들지도 않는다는 것입니다. 왜냐하면 이는 작전세력이 소문을 내는 것이기 때문이라는 것입니다. 그는 말하길 주식해서 돈을 벌려면 루머에 민감한 종목에서 손을 떼는 것부터 배워야 한다고 말합니다. 소문을 내는 사람들은 작전세력이라는 것입니다. 그들은 미리 주식을 사 놓고, 높은 값에 매도하기 위해 소문을 낸다는 것입니다. 그의 말에 의하면 이렇게 소문을 낸 그 사람이 작전세력이라는 것입니다. 그래서 소문에 주식을 사면 망한다는 것입니다.

그는 이렇게 루머로 주식을 사서는 안 되고, 대신 뉴스를 통해 주식을 사야 한다는 것입니다. 사람들은 소문을 듣고 주식을 사고, 뉴스를 듣고 매도하라고 하는데 이는 잘못된 말이라는 것입니다. 그는 소문을 듣고는 절대로 주식을 매수하지 말고, 뉴스를 듣고 사야 한다는 것입니다. 그런데 여기서 말하는 뉴스란 국내 뉴스가 아니라 외신에서 방송되는 뉴스를 말합니다.

예를 들면 삼성전자 주가가 약세를 보인다고 합시다. 경제신문 귀퉁이나 인터넷 뉴스를 보면 외신이 하나 나옵니다. 외국 시장 조사 전문기관에서 하반기 이후 DDRD램 공급이 부족할 가능성이 높다는 보고가 들려오면 이때 미리 삼성전자 주식을 사놓으라는 것입니다. 왜냐하면 삼성전자는 DDRD램 분야에서 세계 1위이기 때문이라는 것입니다. 그리고 주식을 사서 얼마 안 있으면 틀림없이 주식은 상승한다는 것입니다. 그러면서 그는 주식에서 성공하려면 바로 이런 뉴스를 해석할 수 있는 습관을 들여야 한다고 강조했습니다.

6. 부자들의 주식 투자 유형

몰빵이란 한 종목에만 투자하는 것을 말합니다. 이렇게 투자하면 반드시 쪽박을 찬다는 것입니다. 부동산은 투자에 실패해도 땅은 남지만, 주식은 잘못 투자하면 쪽박을 찬다는 것입니다. 부자들은 반드시 90%는 간접 투자를 하고, 나머지 10%로만 직접 투자인 주식에 투자한다는 것입니다. 그런데 이 10%도 여유자금으로 투자하지, 빌려서 투자하지는 않는다는 것입니다. 그런데 개미들은 어떻습니까? 그들은 간접 투자를 하지 않습니다. 그리고 여유 자금으로 하지 않고, 빌려서 주식에 투자합니다. 벌써 부자들의 투자 방법과 개미들의 투자 방법에는 이렇게 차이가 나는 것입니다.

또한 부자들의 투자 종목은 우량주에 투자한다는 것입니다. 우량주는 오르는 폭도 작지만 역시 하락 폭도 작다는 것입니다. 그래서 우량주에만 투자한다는 것입니다. 그러나 개미들은 역시 우량주가 아닌 소문에 민감한 종목에 투자합니다. 그래서 주식해서 손해를 많이 보는 것입니다. 부자들은 주식에 투자하되, 펀드에 투자를 하고 나머지 10% 정도만 직접 투자를 한다는 것입니다. 미국 사람들의 50%가 주식을 하지만 그중 대부분 50%는 펀드에 투자하지, 우리나라처럼 직접 투자하는 사람은 그리 많지 않다고 합니다.

주식의 고수들은 "주식을 배울 때 우량주나 고가주를 매매하는 것을 먼저 배워야 한다"고 말합니다. 왜냐하면 우량주는 많이 오르지는 않지만 내릴 때 하락 폭이 상대적으로 적어 안정적이기 때문이라는 것입니다. 그러므로 주식에만 투자하지 말고 펀드에도 투자하시길 바랍니다.

여기서 간접 투자란 펀드에 투자하는 것을 말하는데, 이는 투자 전문가에게 돈을 맡겨 주식이나 유가증권(주식 및 채권)에 투자하는 것을 말합니다. 직접 투자는 투자가가 직접 주식을 팔고 사는 것이라면, 간접 투자는 주식에 대하여 전문지식이 없어도 펀드매니저의 힘을 빌려 주식, 채권, 선물 등 다양한 유가증권에 투자하는 것을 말합니다.

또한 수익증권이란 고객이 맡긴 돈을 투자해 거기서 발생하는 수익을 얻을 권리를 표시하는 증권을 말합니다. 펀드에 가입하면 수익증권을 사는 것이 되는 것입니다. 수익증권을 직접 받아 갈 수도 있으나, 번거롭고, 분실과 도난 위험이 있으므로 수익증권을 맡기고, 은행처럼 통장을 받아 가는 것이 일반적입니다. 그렇다고 수익증권을 샀다는 말이 반드시 펀드에 가입했다는 말은 아닐 수도 있습니다.

7. 부자들은 반드시 투자 전문가의 조언을 듣고 투자한다

백만장자들은 한 명의 고문만 두는 것이 아니라 보통 3명 이상의 투자 고문을 두는데, 회계사와 증권 브로커와 변호사를 둔다고 합니다. 백만장자들은 이들 투자고문의 충고를 받아들인다고 합니다. 특별히 주식에 투자할 때는 증권 브로커의 조언을 받아 투자하는데, 백만장자들의 72%가 이런 증권 브로커의 도움을 받아 투자한다고 합니다.

또한 우리나라 부자들의 68%는 투자 전문가들의 조언을 구하는데 대부분 은행 또는 증권사 간부의 조언이고, 두 번째는 친구 또는 지인의 조언을 구하고, 세 번째는 투자 상담자의 조언을 구한다는 것입니다. 다시 말해 부자들은 거의 남의 말을 듣고 투자하지 자기 혼자 생각으로 투자하는 경우가 적다는 것입니다.

그런데 우리 개미 투자자들은 어떻습니까? 대부분의 개미들은 거의 증권 브로커의 도움 없이 혼자 루머에 의해 투자합니다. 벌써 부자들의 투자 방식과 개미들의 투자 방식은 이렇게 차이가 나는 것입니다. 그래서 돈을 잃고, 깡통을 차는 것은 개미 투자자들인 것입니다.

저는 주식 투자의 위험성을 알기에 투자를 만류하고 싶습니다. 만약 투자하게 된다면 차라지 펀드나 부동산에 투자했으면 합니다. 왜냐하면 부동산 경기가 좋으면 주식에 투자한 것의 몇 배의 수익을 단기간에 올릴 수 있기 때문입니다.

8장

세계적인 부자들은 인수합병을 통해 부자가 되었다

세계적인 부자들은 시장 독점을 통해 부자가 되었습니다. 그들은 시장을 지배하는 것이 부를 축적하기 위한 매우 효과적인 전략임을 알았습니다. 그래서 그들은 때로는 시장 독점이라는 방법과 시장 지배라는 방식을 통해 시장을 독점했습니다.

시장 지배라는 말과 시장 독점이라는 말은 동의어가 아닙니다. 경쟁 회사를 완전히 없애 시장을 지배하는 것을 시장 지배라 한다면, 독점은 물건을 싼 가격으로 대량 생산 판매함으로 다른 기업이 감히 접근하지 못하게 하는 것을 말합니다. 이렇게 하면 자동적으로 시장을 지배하게 되는 것입니다. 이렇게 시장을 독점하는 데 가장 좋은 방법이 바로 인수합병입니다. 세계적인 부자들을 보면 거의 다 이런 기업 인수합병을 통해 시장을 독점해 부자가 되었던 것입니다.

호텔 왕 콘래드 힐튼의 사업 방식도 역시 사업을 확장할 때 인수합병이라는 방식을 통해 사업을 확장했습니다.

대우그룹의 김우중 전 회장은 인수합병을 통해 거대 기업을 이루었는데, 그는 부도난 기업을 인수해 정상궤도에 올려놓고, 그리고 그것을 매각해 큰 차익을 남기는 방식으로 대우 그룹을 성장시켰습니다. 그러나 현대그룹의 고 정주영 회장은 손수 하나하나 공장을 건설해 성장시켰기에, 그의 손을 거치지 않고 성장한 공장은 하나도 없었다고 말하는 것을 그의 책에서 보았습니다.

1. 존 록펠러

록펠러가 석유사업에 뛰어들었을 때 당시 26개의 석유회사가 있었는데, 그들은 서로 경쟁하느라 값을 싸게 해서 석유를 팔았습니다. 그때 록펠러는 이렇게 경쟁하다가는 다같이 망할 것 같았습니다. 그래서 26개 석유회사 중 22개 회사를 스탠더드 오일사가 인수합병하였습니다. 그는 1871년 12월부터 1872년 3월까지 일명 '클리블랜드 대학살' 로 알려진 기업인수, 합병 전쟁을 치렀습니다. 클리블랜드의 24개 석유회사를 사들였는데, 그중 6개 회사는 단 이틀만에 인수를 했습니다. 그는 인수합병 과정에서 싼값으로 인수한 것이 아니라 최고의 고액으로 인수했습니다. 그래서 감히 다른 회사들은 입찰도 할 수 없었다고 합니다. 이로 인해 그는 석유를 독점할 수 있게 되었습니다. 그의 이런 인수합병으로 그의 나이 38세 때 스탠더드사가 미국 전역의 정유시장 중 90~95%를 점유했다고 합니다. 이와 같이 록펠러가 택한 시장 지배는 인수합병이었습니다. 그는 이 인수합병을 통해 시장을 독점해 막대한 부를 누렸던 것입니다.

2. 빌 게이츠

빌 게이츠 역시 시장을 독점한 자인데 빌 게이츠는 록펠러와는 좀 다릅니다. 록펠러가 인수합병 방식으로 경쟁회사를 매입해 시장을 지배했다면, 빌 게이츠는 말 그대로 싼 가격에 대량 생산함으로 경쟁업체가 스스로 무너지게 하는, 시장 독점 방식을 택해 기업을 성장 발전시켰습니다.

기업가가 되려는 빌 게이츠의 야망은 어린 시절부터 뚜렷이 나타났습니다. 그는 6학년 때 미래의 병원에 관 모양의 치료 시스템을 팔기 위해서 빌 게이츠 웨이 유한 회사 설립을 서술하여 A를 받았다고 합니다. 또한 고등학교 시절에는 20대에 백만장자가 될 것이라고 친구들에게 말하곤 했다고 합니다. 또한 그에게는 동역자이며 2년 선배인 폴 알렌과 대학 동창인 친구 스티브 발머가 있었습니다.

1990년대 말, 사법부가 마이크로소프트사를 독점에 대한 혐의로 기소할 움직임을 보이자 빌 게이츠는 열정적으로 다음과 같이 반박했습니다. "만약 우리가 그렇게 무모하지 않았다면, 우리가 과연 소프트웨어를 생산할 수 있었을까요? 우리가 매출액을 늘리기 위해 경쟁업체들을 희생시키고 있다고요? 그것은 명백한 거짓말입니다. 누가 시장을 키웠는데요? 우리가 키웠습니다. 누가 IBM을 옛날보다 열 배나 큰 크기로 성장시켰습니까? 바로 우리가 아닙니까?"

그들이 시장을 독점했다는 주장에 대해 빌 게이츠는 반대로 소비자 가격이 하락함으로 소프트웨어는 더욱 더 번창했다고 반박했습니다. 빌 게이츠가 시장을 독점한 것은 소비자 편에서 많은 혜택을 누릴 수 있게 가격을 낮추다 보니 그렇게 되었다고 했습니다. 이로 인해 결국 빌 게이츠는 21세기 세계 최고 부자가 되었던 것입니다.

3. 워렌 버핏의 투자 방법

얼마 전에 우리나라를 다녀간 투자의 귀재 버핏, 그가 우리나라에 다녀간 자체만으로도 주식시장이 크게 요동을 칠 정도로 그의 영향력은 대단했습니다. 그러면 그는 어떤 식으로 투자해 투자의 귀재라 불리우게 되었을까요? 그도 사실 따지고 보면 광역적인 의미에서는 인수합병 방식이라 보면 됩니다.

우리가 알고 있는 주식 투자의 형식은 "계란을 한 바구니에 담지 않는다" 하여 분산 투자를 원칙으로 하고 있습니다. 그러나 버핏은 이를 반대합니다. 그는 말하길 "레스토랑에 모자를 걸어둘 모자걸이는 하나면 충분하다"라고 하며, 한 종목에 집중 투자했다고 합니다. 다소 무모해 보이지만 그의 말을 들어보면 충분히 이해가 됩니다.

그는 주식을 저가에 매입하되 그 회사에 영향력을 행사할 수 있을 정도로 많은 주식을 매입해 경영에 개입한다고 합니다. 그리고 회사를 성장시킨 뒤에는 뒤도 돌아보지 않고 회사를 매도하는 방식으로 투자를 했다고 합니다. 아마 우리 나라의 김우중 회장과 비슷한 방식이 아닌가 합니다. 버핏의 성공 비결은 수백 명의 투자 전문가들에 의해 정밀하게 조사된 주식 중에서 가장 가치 있는 회사의 주식을 대량 매수해 투자하는 방식이었다고 합니다.

사채를 통해 큰 부자가 된 사람이 있는데, 그는 벤처기업에 돈을 빌려 준 후 갚지 못하는 기업의 돈을 주식으로 대신 환급 받았다고 합니다. 이렇게 환급 받을 때 그는 액면가로 주식을 대량 받았다고 합니다. 그러다 그 벤처기업이 코스닥에 상장이 되면 순식간에 엄청난 돈을 벌게 되었다고 합니다. 그의 말에 의하면 아무 기업이나 주식으로 환급받는 것이 아니라 그의 표현에 의하면 "싹수" 가 있는 기업의 주식만 액면가로 환급을 받았다고 합니다. 그런데 그가 말하는 "싹수" 있는 기업을 알아보는 것은 간단하다고 합니다. 그것은 그 회사의 사장이나 직원들이 혼연일체가 되어 열심히 일하는 회사는 틀림없이 가치가 있다는 것입니다. 이런 회사의 주식만 환급받았는데, 이렇게 환급받고 나서 얼마 있지 않으면 틀림없이 그 회사는 기사회생한다는 것입니다. 그리고 코스닥에 상장하는데 그러면 한 마디로 떼돈을 번다는 것입니다.

4. 샘 월튼의 투자 방식

월마트의 샘 월튼은 비범한 협상 능력을 발휘한 인물입니다. 미국에서 제일 가는 상점을 만들고 싶어했던 그는 물건을 공급하는 사람들을 직접 찾아가 담판을 벌였습니다. 그리고 마침내 대기업의 소유주들보다 낮은 가격으로 물건을 공급해 주도록 협상을 이끌었습니다.

샘 월튼은 자신의 계획을 들려주고 "그 계획을 실행하려면 당신들의 협조가 필요합니다"라고 진지하게 말했습니다. 그는 자신의 주장을 관철시키기 위해 철두철미하게 준비를 했고, 논리적으로 의견을 펼쳤으며, 투쟁을 하고 협상을 했습니다. 자신의

고객들에게 최상의 제품을 저렴한 가격에 공급하고 싶어했던
그는 제조업자들에게도 동일한 약속을 요구했던 것입니다. 그
리고 상대방의 동의를 얻어낼 때까지 협상을 벌였고, 협상에 성
공한 후에는 상대방에게 엄청난 주문량과 이득이라는 것으로
보상을 해 주었습니다. 다시 말해 샘 월튼의 투자 방식은 고객
들에게 싼 가격으로 물품을 공급하기 위해 협상이란 방식을 통

해 사업을 확장시켰던 것입니다. 이것이 그의 성공 법칙이었던
것입니다.

시장을 독점하든, 시장을 기업 인수합병을 통해 지배하든, 그
들의 공통적인 관점은 다 소비자에게 싼 가격으로 상품을 공급
하기 위해서였다는 것입니다. 이렇게 지배든 독점이든 공급하
다 보면 결국 소비자에게는 싼 가격에 물건이 공급되며, 본인도
막대한 부를 축적하게 되는 것입니다. 이런 방식으로 빌 게이츠
와 록펠러와 힐튼도 막대한 부를 누렸던 것입니다. 그러므로 부
자가 되기 위해서는 시장을 독점하거나 지배해야 한다는 것입
니다. 빌 게이츠와 같이 대량 생산을 통해 물건을 싸게 공급해
시장을 독점하든지 아니면 록펠러처럼 석유회사를 모두 인수합
병해 석유를 싸게 공급하든지 해야 막대한 부를 축적할 수 있다
는 것입니다.

우리나라도 IMF로 인해 굴지의 회사들이 미국의 전문 인수합
병 기업(일명 기업 사냥꾼)에 헐값에 팔렸습니다. 전문 인수합
병 회사들의 문제는 회사가 잘 되고 안 되고에는 관심이 없다는

것입니다. 그들의 목적은 기업을 어느 정도 정상궤도로 올려놓기만 하면 되는 것입니다. 그래야 매각할 때 막대한 이윤을 창출할 수 있기 때문인 것입니다. 저의 개인적인 소견으로는 인수 합병 방식으로 시장을 독점하거나, 경쟁 회사를 죽이기 위해 물품을 대량 생산해 싼 가격으로 판매해 시장을 독점하는 것은 그리 좋은 방식이라 생각하지 않습니다. 차라리 샘 월튼의 투자 방식이 좋다고 생각합니다.

9 장

부자들은 담보대출로 부자가 되었다

1. 부자들은 이자율에 민감하게 반응한다

부자들은 이자율에 상당히 민감하다고 합니다. 그래서 그들은 0.01%라도 높은 이자를 주는 곳이면 그곳에 투자한다고 합니다. 보통 사람들이 보기에는 부자들이 쩨쩨해 보이지만 이들은 부자가 되기 훨씬 전부터 높은 이자를 따라 금융상품을 갈아타는 것을 습관화해 왔다고 합니다. 한의사 P씨는 "짧은 기간 맡겨도 수익률이 비교적 높은 MMF나 MMDA에 현금을 넣어두고 있다가 괜찮은 금융상품이 나오면 옮기고 있다"고 합니다.

그는 가끔씩 은행들이 한정 상품을 판매하는데, 그 중에는 수익률이 높은 상품이 꽤 있고, 종금사가 취급하는 기업어음도 괜찮은 투자 대상이라, 항상 이런 것들을 눈여겨본다고 합니다. 그러나 이런 상품들은 소액투자 대상이 아니기 때문에 어느 정도 목돈을 모은 뒤에 관심을 가질 필요가 있다고 합니다.

그런데 여기서 MMF는 금융기관이 고객의 돈을 모아 금리가 비교적 높은 기업어음이나 콜 등의 단기 금융 상품에 집중 투자해 여기서 얻는 수익을 되돌려 주는 실적배당 상품, 단기 금리가 정기 금리보다 높거나 투자 기간이 6개월 이하일 때 유리한 단기형 상품을 말합니다. 증시가 침체되고 부동산 시장에 별다른 변화 조짐이 없을 때면 마땅히 투자처를 찾지 못한 시중 뭉칫돈들이 바로 이 MMF로 몰려든다고 합니다.

또한 여기서 MMDA는 수시 입출금식 예금의 고금리 저축성 예금의 일종으로 MMF 같은 실적배당형 상품처럼 시장 변동 금리를 지급하면서도 인출 및 이체가 자유로운 장점이 있다고 합니다. 그리고 여기서 기업어음이란 CP라는 약자로 불리기도 하는데, 이는 기업이 단기 자금을 조달할 목적으로 발행한 약속 어음으로, 종금사와 증권회사는 기업이 발행한 어음을 그

금액보다 싸게 넘겨 받고(할인율 적용) 이를 일반인에게 다시 매각하는 것으로 취급 금융기관이 지급을 보증한 어음을 담보부 기업어음이라 하며, 보증 없는 어음을 무담보 기업어음이라 합니다.

2. 부자들은 20~30%의 돈만 있으면 부동산에 투자한다

부자들의 투자 원칙은 은행이자에 있다고 합니다. 그래서 그들은 은행이자보다 이윤이 높으면 무조건 투자 대상이 된다고 합니다. 부자들은 담보를 받아 상가를 사서, 그 상가에서 월세를 받는 것이 담보대출 이자의 두 배가 된다면 그들은 담보대출을 받아서라도 상가를 매입한다고 합니다. 그리고 임대 분양을 해 월세를 받아 대출금 이자를 내고 생활까지 하는데, 그러다 보면 상가의 가격이 오르고 그러면 그때 매도를 해 꿩 먹고 알 먹는 사업을 한다고 합니다.

돈이란 은행이자가 높으면 은행으로 자금이 몰리지만, 은행이자보다 월세 받는 것이 나으면 돈은 부동산에 몰린다고 합니다. 그러다 증시가 침체되고 부동산 시장에 별다른 변화 조짐이 없을 때면 마땅히 투자처를 찾지 못한 시중 뭉칫돈들이 MMF로 몰려든다고 합니다. 또한 부자들은 부동산을 매입할 때 돈을 다 지불하고 부동산을 매입하는 것이 아니라 현금의 20~30%만 있으면 무조건 매입한다고 합니다. 그리고 나머지 돈은 그 건물을 담보로 하여 대출을 받아 값을 치르고, 그 다음 조금씩 갚아 나가다 보면 건물 값이 상승하게 되는데, 그때 그들은 매도를 한다는 것입니다.

부자들 중에는 돈을 충분히 모아서 부동산을 매입한 부자는 하나도 없다고 합니다. 그들은 무리를 해서 부동산을 매입하고, 그 다음 아끼고, 빌려서 잔금을 다 치루고, 부동산 값이 상승하면 매도를 한다는 것입니다.

그런데 이때 유의해야 할 것은 담보대출 이자를 매달 낼 수 있는 자금이 있느냐, 없느냐가 최대 관건이 되는 것입니다. 그러나 부자들은 만약 상가를 담보대출로 인수했다면, 그들은 그 상가를 임대 분양해서 그 건물에서 나오는 월세를 가지고 이자를 갚기 때문에 담보대출 이자는 전혀 신경을 쓰지 않는다고 합니다. 오히려 그 건물에서 대출이자만 나오는 것이 아니라 생활

까지 할 수 있는 월세가 나오기 때문에 꿩 먹고 알 먹는 사업이
라 생각한다고 합니다.

　만약 그 건물을 현금을 주고 매입했다면, 부자들은 그 건물
을 담보로 대출을 받아 또 다른 건물을 매입해서 그곳에서 역
시 월세를 받아 이자와 생활과 적금까지 하며 더 여유 있게 산
다고 합니다. 이렇게 하는 사업을 문어발식 사업이라 하는데,
이 문어발식 사업시 주의할 점은, 무조건 오르면 매도해야 한
다는 것이 원칙이라 합니다. 부자들은 이렇게 문어발식 사업으
로 점점 더 부자가 됩니다. 부자들의 말에 의하면 부동산은 담
보로 대출을 받아 또 다른 부동산을 구입할 수 있기에 이것이
부동산 투자의 매력이라 합니다. 그들은 이렇게 해서 점점 더
부자가 되었던 것입니다.

　우리는 변호사, 의사 하면 다 부자라고 생각하는데 그렇지 않
습니다. 만약 이들도 부동산에 투자하지 않으면 간신히 병원과
변호사 사무실을 운영한다고 합니다. 이들 중 부자가 된 자들은
다 한결같이 부동산 투기를 통해 부자가 된 것이지, 병원과 변
호사 일로 부자가 된 것이 아니라는 것입니다. 왜냐하면 의료
장비가 워낙 비싸기 때문에 한번 구입할 때 많은 돈이 들어갑니

다. 그런데 이 의료 장비를 몇 년에 한 번씩 교체해야 하는데, 만약 교체하지 않으면 경쟁에서 밀린다고 합니다. 그래서 울며 겨자 먹기 식으로 의료장비를 교체하는데, 그때 들어가는 돈이 만만치 않다는 것입니다. 또한 변호사들 역시 수입이 천 만원이라 해도, 사무실 운영비와 직원들 월급을 주고 나면 남는 돈이 거의 없다고 합니다. 그래서 그들도 부동산에 투자하지 않으면 간신히 사무실과 병원을 운영할 수밖에 없다고 합니다.

어떤 사람은 IMF 때 실직하여 부동산에 손을 대어 일확천금을 거머쥐었다고 합니다. 그의 말에 의하면 대규모 주택단지가 있거나, 혹은 대규모 주택단지가 들어설 예정인 동네를 훑다 보면 시세가 다른 곳에 비해 싼 땅이 반드시 있다는 것입니다. 그러면 그 땅을 먼저 자기가 가지고 있는 돈의 일부를 가지고 매입한 후 대출을 받고, 빌려서 잔금을 치른 후 몇 층짜리 상가를 짓는다는 것입니다. 문제는 상가를 짓기 전 병원에 임대해 줄 것인지 아니면 입시학원에 임대해 줄 것인지를 결정해야 한다는 것입니다. 그리고 마지막 모든 돈을 다 총동원해 건물을 건축하고 세를 준다는 것입니다. 그러면 그곳에서 많은 이윤이 창출된다고 합니다.

3. 부자들은 투자자들을 공모해 부자가 되었다

부자들은 일단 좋은 투자처를 찾으면 20~30%의 현금을 가지고 계약을 합니다. 그리고 담보대출을 받든지 아니면 지인들을 통해 돈을 빌려 잔금을 치르든지, 아니면 투자자들을 공모해 잔금을 치릅니다.

호텔 왕 콘래드 힐튼 역시 호텔사업을 시작할 때 가지고 있는 20~30%의 돈을 가지고 계약을 한 후, 대출과 투자자들을 공모해 호텔 사업을 해 성공했던 것입니다. 물론 그가 이렇게 은행으로부터 많은 대출과 투자자들을 공모해 투자할 수 있었던 것은 바로 그의 신용 덕분이었습니다. 그는 투자자들에게 반드시 신용을 지켰을 뿐 아니라 그들에게 막대한 부를 창출해 주었기 때문입니다.

부자들은 부동산 투자를 통해 부를 얻습니다. 그러나 그들은 돈이 있는 상태에서 투자하는 것이 아니라 현금의 20~30%만 있으면 투자했다는 것입니다. 그리고 나머지는 담보대출과 지인들에게 돈을 빌려 잔금을 치루고, 그곳에서 나오는 보증금과 전세금을 가지고 빌린 돈을 갚고, 그곳에서 나오는 월세를 통해 대출이자를 감당하며, 생활까지 한다는 것입니다. 저는 투자 전문가는 아니지만 투자에 도움이 될 만한 책들을 참고해 말씀 드립니다.

10장

부자들은 임대업으로 부자가 되었다

부자들이 투자 대상으로 가장 선호하는 것은 아파트이고, 그 다음 대상은 상가라고 합니다. 부자들의 말에 의하면 상가는 시간이 가면 갈수록 아파트와 같이 상승하는 것이 아니라 상승폭이 적어 장기 투자를 목적으로 할 땐 잘 투자하지 않는다는 것입니다. 그러나 월세를 목적으로 투자한다면 한 번 시도해 볼 만하기도 하다는 것입니다.

어떤 사람은 17번이나 이사해 부자가 되었다고 합니다. 그는 일찍 결혼해 아파트를 사서 아파트 값이 오르면 매도하고, 다

시 더 좋은 아파트를 매입하여 살다가 다시 그 아파트 값이 상
승하면 팔아 더 좋은 아파트로 이사를 가는 방법으로 투자해서
지금은 아파트 여러 채와 상가를 가지고 있는 부자가 되었다고
합니다.

1. 부자들은 임대업자이다

부자들의 말에 의하면 가장 수익률이 좋은 사업은 건물을 사
서 임대료를 받는 것이라고 합니다. 그래서 부자들을 임대업자
라 하는 것입니다. 그들은 "우리나라처럼 땅덩어리가 좁은 나
라에서는 부동산만큼 효율적인 투자 대상이 없다"고 말합니다.
온갖 사람들이 서울로 몰려드는 반면, 나눠 가질 공간에는 한계
가 있기 때문에 부동산이 안정적인 수익을 보장해 준다는 것입
니다.

어떤 사람은 오랫동안 식당을 하며 벌여들인 돈으로 한 채,
두 채 다세대 주택을 짓기 시작해서 32세대가 사는 빌라 5채의
주인이 되었다고 합니다. 빌라를 지은 후 전세를 놓지 않고 월
세를 받았다고 합니다. 부자들에게 "가장 큰 소득을 갖다

주는 사업이 무엇입니까?" 하고 질문을 하면 그들은 말하길 1위는 임대료 받는 것이고, 2위는 자기 점포에서 장사하는 것이고, 3위는 주식과 채권이고, 4위는 은행이자이고, 5위는 월급이라 대답할 정도로 임대 수입료는 엄청난 것입니다.

2. 당신에게 10억이 생긴다면 당신은 어떻게 할 것인가?

우리에게 10억이 생긴다면 어떻게 할까요? 우리는 은행에 다 넣어 두고 이자만 챙기며 산다고 대답하는데, 부자들은 이것을 가지고 집을 사서 빌라를 지어 월세를 받아먹고 살 것이라고 대답한다는 것입니다. 그들은 말하길 처음에는 월세를 받을 수 있는 조그마한 부동산부터 사서 임대료를 받고, 다음에는 쇼핑센터(백화점 같은 곳의 작은 점포)를 사서 임대 분양을 해 그곳에서 임대료를 받으면 은행 이자보다 수입이 더 좋다고 합니다.

그러나 문제는 이는 서울에서만 가능하지 않을까 합니다. 왜냐하면 어떤 분은 이렇게 투자했다가 그 쇼핑센터가 활성화되지 않는 바람에 대출 받아 분양 받은 코너에 들어가는 이자 때문에 고생하는 것을 보았기 때문입니다. 그러므로 신중히 생각해 투자하시길 바랍니다.

어떤 부자의 아내는 모 백화점에서 가죽 제품 매장을 운영하고 있는데, 그 사람의 말에 의하면 자기 부인의 한 달 수입은 자기가 운영하는 사업체의 반 년치 매출에 해당한다고 합니다. 이렇게 유명 백화점 코너의 장사는 엄청난 매출을 올리는 것입니다. 그러므로 이런 코너를 신중하게 생각해 도전해 보는 것도 좋지 않을까 합니다.

부자들이 말하는 가장 임대료가 많이 나오는 곳은 첫째는 빌

딩이고, 둘째는 쇼핑센터이고, 셋째는 다세대 주택이라 하는데, 이 역시 서울과 경기도 지역에 해당하지 않을까 합니다. 왜냐하면 지방에는 빌딩도 비어 있는 곳이 많이 있고, 쇼핑센터도 대형백화점이면 모를까 잘못 투자했다가는 대출이자 감당하기도 힘들기 때문입니다. 그러나 지방에서도 확실한 투자는 빌라를 지어 임대료를 받는 것이 아닐까 합니다. 부자들은 이렇게 단독 주택을 사서 부수고 그곳에 연립 주택을 세워 거기서 나오는 임대료로 산다고 합니다.

　　부자들이 돈을 은행에다 맡기지 않고, 이런 다세대 주택이나, 빌딩이나, 상가에 투자하여 월세를 받는 이유는 간단합니다. 그들의 말에 의하면 "은행에 돈을 맡기면 이자밖에 붙지 않아요. 부동산을 사면 일부는 보증금으로 다시 돌아오지요. 게다가 은행이자보다 높은 월세를 받지요. 비교가 안 됩니다. 더 중요한 것은 부동산은 그것 자체의 가격이 오르지만 돈 값은 오르는 일이 거의 없어요. 그래서 부동산을 사서 세를 놓는 겁니다"라고 말합니다. 다시 말해 그들의 투자의 기본은 언제나 은행 이자입니다. 그래서 은행이자 보다 수익률이 좋으면 그들은 임대업을 택합니다. 그리고 은행이자가 임대업보다 수입이 좋으면 그들은 은행으로 돈을 가지고 갑니다. 이것이 부자들의 기본 투자 원칙입니다.

11장

부자들의 또 다른 투자 방법

초식동물들은 풀을 뜯어먹고 삽니다. 그러나 이 초식동물들은 약간 덩치가 큰 육식동물이 잡아먹습니다. 그리고 이들은 또 아주 덩치가 큰 맹수가 잡아먹습니다. 그런데 이 맹수들의 특징은 매일 사냥을 하는 것이 아니라 빈둥빈둥 놀다가 한 끼에 이틀 분을 사냥한다는 것입니다. 이것이 맹수들의 특징입니다.

부자들이 바로 그렇습니다. 부자들은 생태계의 맨 위에 있는 무서운 맹수입니다. 우리가 사는 세상의 이치도 생태계와 똑같습니다. 가난한 사람은 매일같이 뼈빠지게 일하지만 부자는 맹수처럼 빈둥거리며 놀다가 순식간에 목돈을 챙겨갑니다. 저는 '동물의 왕국'을 좋아해 가끔 텔레비전에서 방영하는 이 프로를 자주 봅니다. 그런데 신기하게도 맹수들이 코끼리 어미나, 기린 이나, 표범을 사냥하는 것이 아니라 사슴이나, 얼룩말 아니면 코 끼리 새끼나, 기린의 새끼를 공격합니다. 맹수가 이름값을 못한 다는 치사한 생각도 들지만 어떻게 하겠습니까? 그것이 생태계 인 것을요.

1. 가난한 자의 위기는 부자의 기회

경제라는 생태계 또한 피도 눈물도 없습니다. 집은 압류당하 고, 경매에 부쳐집니다. 그러면 부자들은 이때 달려들어 그 집 을 헐값에 경매로 사들입니다. 그리고 인테리어를 새로 한 뒤 비싼 값에 팔아 이익을 챙깁니다. 돈을 잃는 사람이 있으면 버 는 사람이 있는데, 대부분 가난한 사람들이 잃은 돈을 부자들은 기회이므로 싼 값에 가져가는 것입니다. 이렇게 부자들은 부도 난 기업이나, 집, 건물을 경매로 가져갑니다. 마치 무서운 육식 동물처럼 말입니다. 그래서 그들은 더 부자가 되는 것입니다.

제가 「이젠 돈 걱정 끝」이라는 책을 쓰면서 사건을 만들지 않으면 번제를 드려도 효과가 없다고 말했습니다. 그랬더니 번제를 드리고, 어떻게 사건을 만들어야 하느냐고 여기저기서 문의해 옵니다. 그 중에는 경매에 대하여 공부해서 경매에 입찰하는 것은 어떠냐는 문의도 옵니다.

저는 목회자가 경매로 낙찰을 받는 것은 그리 좋은 방법은 아니지만, 성도가 전문적으로 공부해 직업으로 갖는 것은 그리 나쁘지 않다고 말해 줍니다. 왜 목회자가 경매 받는 것을 좋게 생각하지 않느냐 하면, 남의 상처를 어루만져야 할 성직자가 욕심 때문에 남에게 뼈아픈 상처를 안겨 주기 때문입니다. 만약 그렇게 경매를 받았다면 몇 년 후에 교회를 세우면 괜찮은데, 경매에 낙찰하자마자 그곳에 십자가를 세우고 교회를 시작합니다. 그러면 그렇지 않아도 건물을 빼앗긴 것 같은 전 주인 입장에서는 어떻게 생각하겠습니까? 그들의 말을 들어보지 않아서 그렇지, 아마 교회와 목사와 더 나가서 하나님을 원망할 것은 뻔한 것입니다.

사실 그 건물은 그 목회자가 아니더라도 어차피 다른 사람에게 넘어가게 되어 있지만, 그래도 주인의 입장에서는 다른 것입니다. 그래서 저는 목회자가 경매로 건물을 사 교회를 세우고, 목회하는 것을 그리 달갑게 생각하진 않습니다. 그러나 그 목회자가 깨어 있어 안타깝게 건물을 빼앗긴 전 주인에게 상당한 액수의 이사비용을 준다면 아마 상황은 달라질 것입니다. 그 전 주인은 너무 감사해 '역시 예수를 믿는 교회와 목회자는 다르구나' 하며, 오히려 감사해 할 것입니다. 아니 더 나가서는 너무 고마운 나머지 그 교회 성도가 되지 않을까요? 왜냐하면 다른 사람에게 건물이 넘어가면 한 푼도 받지 못하고 강제로 쫓겨나게 될텐데, 교회는 배려를 해 주었으니 얼마나 고맙게 생각하겠습니까? 저는 목회자들이 이렇게 전 주인을 배려하려는 마음으로 경매를 받아 교회를 한다면 얼마든지 경매로 건물을 인수하라고 권하고 싶습니다. 그러나 그렇지 않을 바에는 경매로 교회를 사는 일은 없었으면 하는 것이 저의 소견입니다.

저는 이렇게 문의를 하는 성도들에게 말합니다. "성도님! 성도님이 경매로 돈을 버는 것은 그리 나쁜 것은 아닙니다. 왜냐하면 어차피 성도님이 낙찰받지 않아도 다른 사람이 낙찰을 받기 때문입니다. 그러나 낙찰을 받은 후 다른 믿지 않는 사람과 같이 강제로 전 주인을 몰아내지 마시고, 그들에게 다만 얼마라도 이사 비용을 주어 마음을 위로하고, 좋은 기분으로 이사하게 해주세요. 그것이 기독교인의 도리입니다" 하고 말입니다.

2. 무역을 통해 부자가 됨

D씨라는 사람은 3류 대학을 나왔지만 혼자 영어와 이탈리아어와 불어를 독학으로 공부해 일류회사에 입사했습니다. 그는 미국과 유럽을 오가며 통역사로 일하며 승승장구했습니다. 그러다 귀국 길에 우연히 보따리 장사를 하게 되었는데, 이것이 적중해 지금은 아예 무역을 하여 200억대 재산을 소유했다고 합니다. 그가 처음 수입한 제품은 최고급 제품으로 그것을 복부인들에게 팔았는데 불티나게 팔렸다고 합니다. 멋 모르고 시작했다가 반응이 좋고, 통로를 알다 보니 이제는 무역까지 하게 되었다고 합니다. 처음에는 액세서리나 장신구와 같은 것으로 시작했지만, 철저하게 고급품 위주로 수입해 부잣집 사모님들에게 팔았다고 합니다. 그러다 자금의 여력이 생겨 수입품목을 확대하다 보니 무역을 하게 되었고, 그로 인해 갑부의 반열에 올랐다고 합니다. 그는 처음부터 무역을 염두에 두고 장사를 한 것이 아니라, 해외를 자주 오가다 보니 자연스럽게 무역에 대해 눈을 뜨게 된 것입니다. 보따리 장사였지만 눈이 열려 지금은

전문적으로 무역을 하고 있다고 합니다.

3. 시너지 효과로 부자가 됨

콘래드 힐튼이 호텔 사업을 하게 된 동기는 너무나 우연한 일이었습니다. 그는 아버지가 돌아가신 후, 평소 알고 지내던 지인인 나이 많은 보게이의 유언과도 같은 말을 듣고 텍사스에 가게 됩니다. 당시 텍사스는 유전이 발견되어 석유의 천국이었으며, 부자들이 많이 살았고, 당시 석유 왕은 록펠러였습니다. 그는 그곳에 가서 은행을 인수하려 했지만 실패를 했습니다. 그래서 그는 이제 할 수 없이 몸을 쉴 겸 호텔로 향하게 됩니다.

그런데 당시 텍사스는 석유사업으로 인해 전국에서 수많은 사람들이 모여들었기에 사람들로 인산인해를 이루었고, 방이 없어 방을 하루에 8시간씩 로테이션으로 대여해 주어, 방 하나를 가지고 하루에 3번 돈을 받는 것이 그의 눈에 들어왔습니다. 방이 없으니 사람들은 호텔 로비나 식당에서 쪼그려 8시간씩이나 방이 나기를 기다리는 것이었습니다.

콘래드 힐튼도 8시간이나 방을 구하기 위해 로비에 앉아 있어야만 했습니다. 그는 로비에 앉아 있다가 주인과 이야기를 하게 되었습니다. 이야기를 하다 마음이 열리자 호텔 주인은 말하길 "자신은 석유사업을 하고 싶지만 지금은 어쩔 수 없이 호텔을 하고 있다"며 투덜대는 것이었습니다. 이 말을 들은 콘래드 힐튼은 그 주인에게 자신이 호텔을 매입할 것을 제안하게 됩니다. 그러자 주인은 마침 지겨웠는데 잘 되었다는 듯이 호텔을 넘길 것을 약속하게 된 것입니다. 그리고 그는 그가 가지고 있는 5천 달러로 일단 계약을 하고, 나머지는 고향의 지인들과 투자자들을 모집해 결국 4만 달러에 호텔을 매입하게 됩니다.

힐튼이 호텔을 매입한 후 새로운 경영방식으로 호텔 사업을 하자 사람들은 구름 떼처럼 몰려들었습니다. 그는 로비와 식당을 없애고 아예 전부 방으로 만들어 수입을 올리기 시작해 빚을 얼마가지 않아 빚을 다 갚고, 주위의 낡은 호텔들을 매입해 인테리어를 새로 한 후 똑같은 방식으로 호텔을 경영하게 되었습니다. 물론 미국 대공황 때 어려움도 있었지만, 결국 그는 호텔 사업으로 크게 성공해 호텔 왕이 되었던 것입니다.

그런데 여기서 우리가 간과하지 말아야 할 것이 있습니다. 그

것은 힐튼이 사업을 하려고 했을 때 텍사스의 주된 사업은 석유
사업이었다는 것입니다. 당시 텍사스 주민들은 석유 때문에 대
부분 엄청난 부자들이었다고 합니다. 왜냐하면 전세계 모든 투
자자들이 다 텍사스로 모였기 때문입니다. 당시 모든 투자자들
은 석유와 은행에만 관심을 갖고 있었습니다. 힐튼 자신도 텍사
스에 은행업을 하기 위해 온 것 같이, 그렇게 많은 사람들이 은
행과 석유사업에만 관심을 가졌던 것입니다. 그도 은행을 인수
하려 했지만 실패하였습니다. 그러다 우연히 호텔에 들렀다가
그의 눈이 열린 것입니다. 주업인 석유와 은행이 아닌 호텔을
보았던 것입니다.

다시 말해서 석유사업이 잘되고, 사람들이 전국에서 모이면
자동적으로 숙소가 필요하게 되는 것을 그는 알았던 것입니다.
그래서 그는 그에 따른 시너지인 호텔에 투자를 했던 것입니다.
당시 텍사스에서 아무도 호텔에 관심을 갖지 않을 때 그는 호텔
이라는 석유사업의 시너지 효과에 눈을 뜬 것입니다. 그리고 석
유사업에 따른 시너지 효과인 호텔에 투자를 해서 결국 오늘날
호텔 왕이 된 것입니다.

이와 같이 우리는 투자할 때 사람들이 관심을 끄는 것에만 집

중하고, 그곳에 투자하려 하는데 루머가 있는 곳에는 별 소득이 없는 것입니다. 이럴 때는 그에 관련된 사업 즉 시너지 효과가 있는 다른 사업에 투자해야 합니다. 왜냐하면 그 시너지 사업은 아무도 손을 대지 않기에 손만 대면 혼자 모든 돈을 독식할 수 있기 때문입니다. 그러므로 앞으로 우리는 사람이 몰려다니는 곳에 관심을 갖지 말고, 그 사람들이 몰려다님으로 나타나는 부수적인 것들인 시너지 효과에 관심을 가져야 합니다. 힐튼도 그렇게 해서 세계 최고의 갑부가 된 것입니다.

예를 들면 IMF 때 국민들이 나라를 살려 보겠다고 금품을 싼값에 팔았습니다. 이때 부자들은 체면상 약간의 금품을 팔고, 뒤로는 막대한 금을 사 모았다고 합니다. 그리고 금값이 상승할 때 그들은 금을 팔아 부자가 되었다고 합니다. 전에 태안 기름 유출 사고 때문에 전국에서 모여든 그 봉사대열만도 100만 명을 넘었습니다. 그러나 뒤에서 회심의 미소를 짓는 자들이 있었는데, 그것은 방제업체들과 기름 제거를 하는 기름종이 업체들이었습니다. 왜냐하면 이 일로 소리 소문도 없이 엄청난 돈을 벌어들였기 때문입니다. 그 들은 지금도 방제한다고 칭찬을 들으면서 돈을 벌고 있는 것입니다.

이런 사업이 바로 시너지 효과 사업입니다. 그러므로 우리가 부자가 되기 위해서는 사람들의 이목이 집중되어 있는 곳을 노리는 것이 아니라, 그에 따라 나타나는 부수적인 직종에 관심을 가져야 바로 부자가 될 수 있는 것입니다.

부자가 되고 싶으면 힐튼과 같이 남의 이목이 집중된 곳에 관심을 갖기보다는, 그에 따른 시너지 효과에 관심을 가져야 합니다.

12장

신용이 있어야 부자가 된다

부자들이 중요시 여기는 것이 몇 가지가 있는데 첫 번째는 신용이고 두 번째는 직원 채용입니다.

첫째, 신용은 부자가 되는 첫걸음이다

동대문에서 액세서리 가게를 하는 D씨에게 "장사에서 승리 비결은 무엇이냐"고 물었습니다. 그는 대답하길 "첫째는 신용이고, 둘째는 항상 남을 즐겁게 해준다는 마음으로 장사하는 것

입니다. 장사의 밑천은 신용입니다. 신용을 잃으면 언젠가는 반
드시 그 대가를 치르게 됩니다"라고 말했습니다.

동대문 상인 225명을 대상으로 성공의 요건에 대하여 설문조
사를 했는데, 그 중에 신용이 중요하다고 답한 사람이 74.2%로
나왔고, 그 다음으로 장사 수완이 15%이고, 재력이 4.4%, 운이
3%로 나올 정도로 신용은 장사에서 성공의 열쇠라는 것입니다.
동대문 상인들의 공통적인 답은 "사업 투자의 밑천이 없는 사람
은 끊임없는 노력을 통해 신용을 얻으면 기회를 만들 수 있지만,
반면 신용을 얻지 못한 사람에게는 기회조차 오지 않는다"고 대
답했습니다. 그러면서 그들은 "돈을 잃은 것은 재산의 일부를
날린 것이지만, 신용을 잃은 것은 인생 전체를 날린 것과 다를
바 없습니다" 라고 말했습니다. 이와 같이 장사와 사업에 있어
신용은 절대적인 것입니다.

우리가 잘 알고 있는 고 정주영 회장은 「시련은 있어도 실패
는 없다」는 책을 통해 말하길 "자신의 성공 요인은 첫째로 신용
이고, 둘째는 공기를 완벽하게 앞당기는 것이었다"고 했습니다.
그는 신용 하나로 쌀가게를 주인으로부터 아주 싼값에 인수받
았고, 그것을 밑천으로 오늘날 현대자동차와 현대건설, 현대조

선을 세웠다고 합니다. 그의 철학은 손해 보더라도 철저하고 완벽하게 신용을 지키자는 것이었습니다.

그가 낙동강 고령교 복구 공사로 인해 수많은 적자를 본 후 20년 동안 진 빚을 갚았지만, 그러나 신용을 지켜 결국 정부의 인정을 받아 더 좋은 건설 현장을 제공받아 적자를 만회하기도 했습니다. 신용을 지키면 당장은 손해 보는 것 같지만, 그러나 다른 사람도 신용을 지키기 위해 손해 본 것을 다 알고 있기에, 후에 반드시 그 적자를 만회할 수 있는 기회를 준다는 것입니다. 그러므로 지금 당장 신용을 지키는 것이 힘들고, 어렵고, 적자를 보는 것 같지만, 후에 그것이 당신을 성공시키는 디딤돌이 될 것입니다.

호텔 왕 힐튼이 텍사스에서 호텔을 인수받아 사업에 뛰어들 때 돈이 있어 뛰어든 것이 아니었습니다. 그는 계약금밖에 없었습니다. 그가 무모하리 만큼 호텔 사업에 뛰어들어 성공할 수 있었던 것은 많은 투자자들을 언제든지 모집할 수 있었기 때문입니다. 그런데 그가 이렇게 많은 투자자들을 모집할 수 있었던 것은 신용 덕분이었습니다. 당시 힐튼의 지인들은 힐튼에게 돈을 빌려주면 틀림없이 갚고, 또한 배당금을 충분하게 준다는 것을 알았습니다. 그래서 많은 사람들이 그에게 투자를 했던 것입니다.

그는 어려서 아버지의 상점에서 점원으로 있으면서 아버지로부터 장사 수완을 배웠습니다. 그의 아버지 거스 힐튼이 그에게 가르쳐 준 것은 신용이라는 단어였습니다. 그래서 그는 아버지 밑에서 신용에 눈을 뜨게 되었고, 신용을 지켰습니다. 그래서 모두가 불가능하다고 했던 시의원까지도 신용 하나로 당선되었던 것입니다. 만약 힐튼이 신용을 지키지 못했다면 오늘날 호텔왕 힐튼은 존재하지 않았을 것입니다.

우리 교회는 영성 집회를 두 달에 한 번 정도 합니다. 집회를 하다 보면 강사 목사님들에게 큰 실망을 하는 경우가 많습니다. 그분들은 말을 잘 하지만 전혀 약속을 지키지 않는 모습을 종종 보게 됩니다. 또한 성도들에게 실망하는 경우도 한두 번이 아닙니다. 왜냐하면 저하고 약속을 안 지키는 것은 그러려니 하지만, 하나님과 약속한 것도 헌신짝처럼 버리는 경우가 얼마나 많은지 모릅니다. 하나님께서도 약속을 경히 여기는 사람을 소중하게 여기지 않을 것입니다.

석유 왕 록펠러는 1%도 낭비하지 않는 사람이었다고 합니다. 그러나 돈을 벌기 위해서는 수백만 달러를 빌리기도 했는데, 그는 언제나 정확하게 빌린 돈을 갚았다고 합니다. 그래서 그에게 은행에서는 엄청난 돈을 빌려주었다고 합니다. 그런데 그가 이렇게 신용을 잘 지키게 된 데는 아버지 빅빌의 영향이 컸다고 합니다. 그의 아버지 빅빌은 아들에게 항상 신용이 재산이라고 교훈했다고 합니다. 이 교훈을 듣고 자란 록펠러는 바로 신용을 잘 지키는 사람이 되었던 것입니다.

록펠러가 얼마나 신용이 좋았던지 은행으로부터 많은 대출을 받아서 결국 "스탠더드 석유회사"의 주식을 살 수 있었다고 합니다. 만약 록펠러가 스탠더드 회사를 인수하지 못했다면 오늘날 록펠러가 존재할 수 있었을까요? 그러나 그가 이렇게 스탠더드 회사를 인수할 수 있었던 것은 바로 신용 덕분이었다고 그는 자서전에서 말하고 있습니다. 이처럼 신용은 사업하는 사람에게 가장 중요한 보증수표입니다.

하루는 백화점 왕 존 워너 메이커에게 벤자민 헤리슨 대통령으로부터 장관직을 맡아 달라는 요청이 왔습니다. "당신의 탁월한 경영 솜씨를 발휘해 체신부 장관직을 맡아 주시오." 이때 워너 메이커는 한 마디로 거절했습니다. "나는 주일 성수와 주일 학교 교사로 봉사하는 일을 무엇보다 소중하게 생각합니다. 만약 장관직을 수행하는 일 때문에 주일 성수와 교사 일을 못한다면 받아들일 수가 없습니다." 그래서 헤리슨 대통령은 주일성수와 주일학교 교사직을 지속할 수 있도록 해 주겠다고 약속했고, 그제야 그는 체신부 장관직을 수락했습니다. 그리고 매주 토요일이면 기차를 타고 워싱턴에서 고향 필라델피아로 내려가 주일 성수를 하고, 주일학교 아이들을 가르쳤다고 합니다. 그가 체신부 장관으로 있었던 4년 동안 베다니 교회에 출석하기 위해 기차로 여행한 거리만 해도 20만 킬로미터가 넘었다고 합니다.

한번은 기자들이 "장관직이 주일학교 교사직 만도 못하냐"고 질문하자 그는 주저함 없이 이렇게 대답했습니다. "장관직은 몇 년 하다 말 부업이지만 주일학교 교사직은 내가 평생 동안 해야 할 본업입니다". 워너 메이커는 그가 말한 본업인 교사직을 위해 19세 때부터 생을 마감하는 85세 때까지 무려 67년이라는 세월을 쉬지 않고 충성스럽게 교사의 직분을 감당했다고 합니다.

그는 단지 학생들만의 교사가 아니라 교사들의 진정한 영적

스승이었습니다. 워너 메이커는 현재 필라델피아에서 링컨을 능가하는 영웅으로 존경을 받고 있다고 합니다. 그런데 그가 이렇게 모든 사람으로부터 존경을 받을 수 있었던 것은 바로 하나님과 교회와 주일학교에 신용을 지켰기 때문입니다. 하나님은 신용을 지킨 그에게 장수를 허락하셨고, 또한 필라델피아의 영웅이 되게 하셨습니다.

우리나라 성도들 중에 "당신에게 장관직을 맡기고 싶은데 바쁠 때는 일요일에도 근무를 해야 합니다"라고 한다면 과연 워너 메이커와 같이 하나님께 신용을 지킬 수 있는 자가 과연 얼마나 되겠습니까? 워너 메이커가 존경받는 이유는, 성공한 사업가와 성공한 장관이 되어서가 아니라, 주일학교 교사직을 장관직보다 더 중요시 여기는 것을 모든 사람들이 보고, 사람들은 그를 더 신뢰했던 것이 아닌가 합니다.

우리 믿는 성도들 중에도 사업을 위해 장로님이나, 안수 집사나, 성도 할 것 없이 술과 담배를 한다고 하는데, 저는 반대로 생각합니다. 다시 말해 다른 사람들은 사업의 주문을 받기 위해 비굴하게 머리를 숙이고, 기독교인이라는 신분을 속이며, 담배와 술을 할때 오히려 "나는 기독교인이기에 담배와 술을 못합니다" 하며 하나님께 신용을 지킨다면, 과연 상대방은 어떻게 생각할 것이냐는 것입니다.

아마 정상적인 사람이라면 그 정도의 신용 있는 사람이라면 '이 사람에게 이 일을 맡겨도 되겠구나' 하고 더 일을 맡길 것입니다. 그러나 비정상적인 사람이라면 아마 조롱하며 일을 맡기지 않을 것입니다. 그러나 그렇게 조롱하며 일을 맡기지 않는 사람은 제가 생각할 때 큰 일은 주지 않을 것입니다. 그러나 정상적인 사람이라면 그런 신용 있는 모습을 보고, 시험적으로 작은 것을 맡긴 후에 아마 큰 일을 맡기지 않을까 생각합니다.

왜냐하면 사기꾼을 구별하는 방법 중에 하나가 바로 그런 것을 통해 구별할 수 있기 때문입니다. 사기꾼을 구별하는 방법을 잠시 말씀드리면, 그들은 말이 풍성하고, 좋은 옷을 입고, 자기의 백 그라운드를 내세우고, 자기 재산을 과시하며 거들먹거립니다. 이런 사람은 십중팔구 사기꾼이라 보면 됩니다. 왜냐하면 「한국의 부자들」이란 책을 보니까 진짜 부자들은 첫째로 말이 없고, 둘째로 절대로 재산이 많음을 말하지 않고, 셋째로 좋은 차를 타되 남루한 옷을 입고, 넷째로 절대로 사치를 하지 않는다는 것입니다.

이렇게 하나님께 신용 있는 모습을 보여 주었는데도 그 사람을 믿지 못한다면, 그는 아마 틀림없이 정상적인 사람이 아니라 사기꾼에 해당한다고 보면 될 것입니다. 그러므로 우리도 워너 메이커처럼 다른 사람에게 내가 기독교인이란 신용을 보여 주시길 바랍니다. 그러면 지금까지 오더를 따기 위해 술과 담배로 접대했을 때보다 더 좋은 일들이 일어날 것입니다.

둘째, 부자들은 직원 채용을 중요시 여겼다

록펠러는 직원 채용에 대해 말하길 "믿을 만한 사람을 채용해서 업무 훈련을 시켜 일을 맡기시오. 그런 다음 당신은 의자에 편하게 앉아서 어떻게 하면 스탠더드 석유회사가 더 돈을 벌 수 있는지만 생각하시오." 했다고 합니다. 이렇게 록펠러는 직원 채용을 중요시 여겼는데, 그의 말에 의하면 그는 아무나 직원으로 채용한 것이 아니라 실력 있고 믿을 만한 사람만 선택하여 채용했다고 합니다.

또한 유명한 부동산 재벌가인 도널드 트럼프는 "어디서든 찾을 수만 있다면 가장 최고의 재능을 지닌 사람들을 고용하고 싶다"라고 말했고, 그의 성공 비결에 대하여 말할 때 "항상 최고 중의 최고를 뽑아 쓰는 것이 내 철학"이라며, 최고의 직원을 선발해 썼기에 성공했다고 고백하고 있습니다. 그러므로 우리도 성공하려면 좋은 직원을 선택해야 합니다.

오랄 로버츠 목사의 성공 비결은 가장 수준 높은 사람들을 곁에 두기 위해 그야말로 이 잡듯 샅샅이 뒤져 사람을 채용한 것이라고 말했습니다. 이와 같이 성공한 사람들은 직원 채용에 많은 신경을 썼다는 것입니다. 왜냐하면 회사의 사활은 직원에게 달려 있기 때문입니다.

조지 엘리엇이란 사람 역시 "성장을 위한 가장 강력한 원칙은 인재를 선택하는 일이다"라고 인재의 중요성을 말하고 있습니다. 솔로몬에 대하여 집중 연구한 마이크 머독이라는 사람은 말하길 "솔로몬이 성공할 수 있었던 것은 언제나 일을 프로에게 맡겼기 때문이라"고 말했습니다. 역시 솔로몬도 아무나 채용하지 않고 신중을 기해 채용했다는 것을 알 수 있는 장면입니다.

셋째, 좋은 직원을 채용했다

강태공이 쓴 병법서「육도삼략」에 보면 이런 내용이 나옵니다. 태공이 문왕에게 말하길 "미끼를 드리우면 물고기를 낚아서 죽일 수 있고, 봉록을 내걸면 훌륭한 인재를 얻어서 능력을 모두 발휘하게 만들 수 있습니다"라고 말했습니다. 다시 말해 최고의 인재를 얻는 방법에 대하여 3천년 전의 강태공은 최고의 대우를 해주면 그에 걸맞은 인재들이 모인다고 했습니다. 그러므로 직원을 채용할 때는 아무나 채용해서는 안 되는 것입니다.

그에 걸맞은 대우와 전문가를 고용해야 합니다.

　제가 아는 어느 교회는 부교역자를 채용할 때 3개월 인턴 기간을 갖습니다. 그래서 담임목사와 목회 철학이 맞으며, 교회에 덕이 될 만한 사람인지 검증을 하고 난 후에 부교역자로 채용한다는 것입니다. 좋은 인재를 만나는 것은 그리 쉬운 일이 아닙니다. 홍수 시 물은 넘치지만 식수는 없는 것 같이 오늘날도 수많은 사람들이 있지만, 좋은 인재 구하기가 힘든 시대입니다. 마이크 머독은 성공한 사람들은 사람 보는 안목이 열려 재능 있는 사람을 단번에 알아 볼 수 있다고 했습니다.

　부자들은 남이 어떻게 되든 관심이 없고, 또한 다른 사람을 부자로 만들어 주지도 않는다고 합니다. 그러나 가끔 마음씨 좋은 부자가 있는데, 그들은 자기가 부자가 된 방법을 가르쳐 주고, 때로는 자금을 대주는 경우도 있다고 합니다. 그런데 이렇게 부자들이 도움을 준 사람은 자기 직원으로서 사장의 말이라면 죽는 시늉까지 하며, 성실하게 일한 사람들이라고 합니다. 부자들은 바로 이런 사람들을 부자로 만들어 주는 것입니다.

마케팅을 알아야 부자가 될 수 있다.

1. 마케팅을 알아야 성공할 수 있다

사업에 있어서 인권은 마케팅입니다. 그러므로 사업에서 성공하고 싶으면 마케팅을 알아야 합니다. 기도만 하면 다 된다고 말씀하시는 분도 계시겠지만, 물론 기도를 무시하거나 믿음을 무시하는 것은 아닙니다. 이는 원리입니다. 그러므로 기도도 하시고, 믿음도 가지시고, 마케팅도 공부하셔야 합니다.

사업에 있어서 인권을 갖는 방법은 마케팅입니다. 제가 마케팅의 중요성을 말씀 드리니까, 어떤 분들 중에는 제가 기도를 배제하고, 믿음을 배제하는 것처럼 생각하실지 모르지만 그렇지 않습니다. 마케팅은 바로 믿음을 사용하는 지혜입니다. 다시 말해서 사람을 움직이는 원리이며, 지혜가 마케팅인 것입니다. 저는 우리 기독교인들이 다 성공하고, 풍요로운 가운데 신앙생활을 하여, 이웃을 불쌍히 여기며 선교를 했으면 합니다. 그러기 위해서라면 성공의 길잡이이며, 인권을 움직이는 원리인 마케팅을 공부하셔야 합니다. 그래야 성공할 수 있습니다.

부자들은 사업의 3대 성공 요소를 말할 때 첫째는 돈이고, 둘째는 사람이고, 셋째는 마케팅 능력이라 말합니다. 그래서 성공한 사람들은 언제나 탁월한 능력으로 사람들을 잘 관리합니다. 그들은 사람장사(고객 관리) 잘하는 사람이 인생에서 성공할 수 있다고 말합니다. 여기서 그들이 말하는 사람장사란 다름이 아니라 마케팅 원리를 통한 고객 관리를 말합니다.

예를 들면 삼국지에 나오는 유비는 제갈공명이나, 관우나, 장비보다 뛰어난 사람이 아닙니다. 그는 제대로 할 줄 아는 것이 거의 없는 사람입니다. 그러나 그는 제갈공명이나, 관우나, 장비가 갖지 않은 탁월한 능력을 하나 가졌는데, 그것은 덕이었으며, 사람 관리(고객 관리)를 잘하는 마케팅 능력이었습니다. 여기서 덕이란 마음 씀씀이가 좋은 사람을 말하는 말로 한 마디로 사랑과 정이 많았던 사람이라는 것입니다. 후에 그가 '한' 나라를 세워 황제가 될 수 있었던 것은 바로 이와 같이 타고난 성품과 사람장사(고객관리)를 잘하는 마케팅(영업) 능력이 뛰어났기 때문입니다. 제가 앞에서 좋은 성격을 가지고 있지 않으면 성공하기 어렵다고 한 것 같이 유비 또한 성공의 요소에 그의 좋은 성품이 한몫을 차지했던 것입니다. 또한 사람 관리(고객관리)를 잘 하는 마케팅 능력이 뛰어났기 때문이었습니다.

영업이라는 것이 무엇입니까? 그것은 결국 고객 관리요 사람 관리가 아닙니까? 그러므로 마케팅을 무시하면 결코 성공할 수 없습니다. 또한 성공한 사람들은 이와 같이 마케팅을 중요하게 여겼던 것입니다.

2. 마케팅 기법

레토릭 기법

이는 책 제목을 바꾸어서 베스트셀러가 되는 것과 같이, 내용

은 그대로인데 뭔가 조금 변화를 주는 기법을 말합니다. 다시 말하면 한 개 값에 두 개를 드리는 방법을 말합니다. 그러나 사실 따지고 보면 한 개 가격이라 하지만 사실은 두 개 가격이 다 들어가 있는 것입니다. 대형 할인 마트에 가면 1+1 상품이 있는데 이런 것들이 바로 레토릭 기법입니다.

로볼 기법

로볼 기법은 비싼 것을 싼 것 같이 광고하는 기법으로 예를 들면 모든 부수적으로 들어가는 것은 계산하지 않고, 순수가격만 광고하는 기법으로 휴대폰이나 자동차 광고에 많이 사용됩니다. 다시 말해 '휴대폰을 만원에 드립니다.' 하여 가보면 가입비와 통신비와 세금은 별도라고 말하는 기법을 말합니다. 자동차 같은 경우 역시 옵션은 별도로 말하고, 차량 가격만 말하는 기법입니다.

제품 배치의 기법

제품을 어떻게 배치하느냐에 따라 판매 실적이 달라진다는 것입니다. 예를 들면 편의점에서 제품을 배치할 때 김밥과 음료수를 같이 배치시켜 놓고 컵 라면을 팔면, 전자레인지는 아주 멀리 배치시켜 전자레인지까지 오는 동안 다른 제품을 사게 만드는 기법을 말합니다.

마감 기법

이 기법은 마치 마감이 다 된 것 같이 분위기를 조성시켜 금방 사지 않으면 손해 볼 것 같은 생각이 들게 하는 기법을 말합니다. 우리가 길거리를 돌아다니다 보면 창고 대방출이나 폐업정리라고 써 있는데, 어떤 경우에는 1년 동안 써 있는 경우가 있습니다. 이런 기법이 바로 마감 기법에 해당된다고 보면 되는 것입니다.

14장

부자들이 숨기고 싶은 14가지 비밀

첫째, 부지런해야 합니다

잠 22:29을 보면 "네가 자기의 일에 능숙한 사람을 보았느냐 이러한 사람은 왕 앞에 설 것이요 천한 자 앞에 서지 아니하리라" 하였는데, 이 말씀을 공동번역으로 보면 "제 일에 능숙한 사람은 임금을 섬긴다. 어찌 여느 사람을 섬기랴"라고 되어 있습니다. 그런데 여기서 "일"이라는 말을 루터는 독일어로 번역할 때 "직업"으로 번역했다고 합니다. 또한 "능숙"이라는 단어는 "부지런함과 진실함"으로 해석했다고 합니다. 그러므로 이 말을 바로 해석하면 "자기 직업에 부지런하고 진실한 사람을 보았느냐? 이렇게 자기 직업에 부지런하고, 진실하고, 성실한 자는 천한 사람을 섬기는 것이 아니라 임금을 섬기는 일을 하게 될 것이다."라고 할 수 있습니다. 다시 말해서 자기가 하는 일을 부지런하고 성실하게 하는 자는 반드시 언젠가는 임금 앞에 서는 출세를 하게 된다는 것입니다.

이렇게 성경은 성도들에게 부지런해야 함을 잠언서를 통해 말하고 있습니다. 그러므로 성공하고 싶으면 자기 직업에 부지런하고 성실해야 합니다. 부자들의 공통적인 특징은 일찍 자고 일찍 일어난다는 것입니다. 그들은 대부분 새벽 5시만 되면 일어난다고 합니다. 설문 조사에 의하면, 부자들의 출근 시간은 6~7시가 58%이고, 8시 이전이 17%에 해당한다고 합니다. 그러므로 부자들은 약 75%가 일찍 출근한다고 볼 수 있습니다.

현대그룹의 고 정주영 회장은 잠시라도 일을 하지 않으면 견디지 못하는 사람이었다고 합니다. 그가 유일하게 아무 일 없이 보내는 시간은 오직 신문 볼 때뿐이었다고 합니다. 그 외 시간에는 일을 손에서 떼지 않고, 오직 일을 하고, 일을 생각하고, 일감을 만들었다고 합니다.

어떤 사람은 신도시 아파트 상가에 투자하기 위해 4개월을 시간이 날 때마다 찾아 다녔다고 합니다. 그러다 결국 투자처를 찾아 현재는 부자가 되었다고 합니다. 그는 말하길 "자꾸 돌아다녀 봐야 부동산의 미래 가치가 보이고, 건물의 입지와 주변 교통여건과 추가 개발 가능성이 보인다"고 합니다. 그래서 지금도 시간만 되면 자주 부동산을 보기 위해 돌아다닌다는 것입니다. 그는 말하길 한 살이라도 젊었을 때 들개처럼 부지런히 돌아다녀야 부자가 될 수 있다고 했습니다.

크세노폰의 경제학에서 소크라테스는 이렇게 말했습니다. "풍족한 사람은 계속해서 쌓아둘 게 생기는데 가난한 사람은 계속해서 빚에 쪼들립니다. 왜 그럴까요?" 이때 이소마쿠스가 대답하길 "그 이유는 전자의 사람들은 일을 하고, 후자의 사람들은 일을 무시하기 때문입니다"라고 했습니다. 다시 말해 일을 무시한 게으른 사람은 가난할 수밖에 없으나, 열심히 일하는 사람은 계속해서 쌓아둘 게 생긴다는 말입니다.

우리나라도 50~60년대에 보릿고개가 한창이었습니다. 그때 많은 사람들이 굶어 죽었는데 그때 굶어 죽은 사람들은 먹을 것이 없어 굶어 죽은 것이 아니라 게을러서 굶어 죽었다고 합니다. 그때도 부지런한 사람들은 열심히 산으로 들로 다니며 요기 될 만한 것을 찾아 목숨을 연명했지만, 게으른 사람들은 식량을 찾아 다니지 않고 차라리 굶어 죽었다고 합니다. 그래서 보릿고 개 때 죽은 사람들은 먹을 것이 없어 죽은 것이 아니라 게을러 서 죽었다는 말을 들어본 적이 있습니다.

미국의 어느 작가는 "게으른 자에게는 행운도 찾아오지 않는 다"고 말했습니다. 그러므로 우리가 부자가 되고 싶으면 들개처 럼 투자처를 찾아 부지런히 다니시고 일을 하시길 바랍니다.

둘째, 아이디어가 독창적이어야 합니다

자금관리가 아이디어보다 중요하다고 앞에서 말씀드렸지만, 그렇다고 아이디어를 등한시해서는 안 됩니다. 존 워너 메이커 는 오코 홀 의류점을 1861년 나산 브라운(아내의 오빠)과 공동 으로 창업했습니다. 6층 건물 중 1층 68평에 입점한 남성 전문 의류매장이었는데, 첫날 매상이 24달러 67센트로 적자였지만, 그는 그중 24달러를 광고비로 지출했습니다.

그가 캐치 프레이즈로 내세운 것은 '소비자는 왕이다' 라는 말과 정찰판매, 품질보증, 현금거래, 100% 환불이었습니다. 이것은 당시 획기적인 사건이었습니다. 왜냐하면 당시에는 손님을 함부로 대했고, 정찰제도 없었고, 품질도 확실하지 않았고, 특별히 한 번 구입하면 절대로 반품이 되지 않았던 시대였습니다. 그러나 그는 '손님은 왕이다' 라는 캐치 프레이즈를 내세워 소비자를 새롭게 공략했습니다.

그리고 대대적인 광고를 시작했습니다. 그 결과 엄청난 돈을 벌 수 있게 되었습니다. 그는 지주광고와 당시에 상상도 못할 대형 옥상광고와 신문광고를 했고, 월간지와 농업저널을 발간하기도 했습니다. 그는 어느 책이나, 신문이나, 거리에서도 '워너 메이커 의류점' 을 볼 수 있게 광고했습니다. 이 광고를 통해 '존 워너 메이커 의류점' 은 프리미엄 의류점으로 각광을 받기 시작해 결국 초대형 의류점인 '그랜드 디포' 를 오픈하게 하는 계기가 되기도 했습니다. 그의 광고 기법과 비즈니스는 당시엔 누구도 따라 오지 못할 아이디어 기법이었습니다.

이와 같이 워너 메이커가 백화점 왕이 될 수 있었던 것은 그의 독특한 아이디어와 광고 기법 때문이었습니다. 그러므로 아이디어는 영업에 있어 아주 중요한 요소에 해당합니다.

우리나라에서도 어느 부자가 대학가에서 장사를 했는데, 대학생들의 눈높이에 맞게 장사를 해 부자가 되었다고 합니다. 그것은 대학가 앞에서 학생들에게 맞는 독특한 옷가게를 한 것입니다. 지금도 그렇지만 중·고등학교 학생들이나 대학생들은 불량머리, 불량패션을 선호합니다. 그는 그들의 심리를 간파하고 '불량패션'을 트레이드 마크로 하고 장사를 했습니다. 아니나 다를까 학생들이 문전성시를 이루었고 많은 돈을 벌었습니다. 그리고 그 옷가게는 삼촌에게 넘기고 그는 다시 그 옆에서 액세서리 장사를 했는데, 역시 비슷한 컨셉트로 했다고 합니다. 그후 그는 지금 동대문 상가에 점포 6개와 직영점 3개를 운영할 정도로 부자가 되었다고 합니다. 그가 이렇게 성공한 것은 바로 독특한 아이디어 덕분이었습니다. 그러므로 부자가 되려면 아이디어가 필요합니다.

셋째, 자선을 많이 해야 합니다

세계 최고의 부자들은 한결같이 자선을 많이 했습니다. 물론 하나님께 드린 헌금도 엄청납니다. 그러므로 세계적인 부자가 되려면 하나님과 이웃을 돌볼 줄 알아야 합니다. 우리는 록펠러 하면 석유 왕이요, 세계 최고의 부자요, 자선가로 알고 있습니다. 그러나 그가 얼마나 많은 교회와 사람과 기관과 학교를 돕고, 자선사업에 골몰했지는 자세히 모릅니다.

그의 전기를 보면 이런 대목이 나오는데, 그것은 그가 남을 돕는 자선사업 때문에 몸에 병이 들기까지 했다는 것입니다. 아마 우리 같은 사람이라면 내 돈 벌기 위해 병이 드는 일은 있어도, 남을 돕기 위해 병이 들지는 않았을 것입니다. 록펠러는 은퇴 후에도 그의 유일한 관심사는 어떻게 하면 자선사업으로 재산을 지혜롭게 쓸 수 있는가였다고 합니다.

록펠러는 어느 기자와 인터뷰에서 말하길 "돈 버는 능력은 하나님께서 내게 주신 선물입니다. 나는 돈을 더 많이 벌어서 그 돈을 양심에 따라 이웃과 사회를 위해 쓰는 것이 내 사명이라고 생각합니다"라고 말할 정도로 하나님과 이웃을 위해 많은 돈을 썼습니다. 그래서 하나님은 그에게 엄청난 부를 허락하셨던 것 같습니다.

세계에서 가장 돈이 많은 사람은 마이크로소프트(MS)사의 빌 게이츠 회장입니다. 그의 재산은 현재 약 60조원으로 추정되고 있습니다. 그는 아내 멜린다와 결혼 후 딸 제니퍼와 아들 로리와 함께 시애틀의 워싱턴 호숫가 저택에 살고 있습니다. 건평만 해도 1만1500㎡(3550평)짜리인 이 집엔 3000만 달러짜리 레오나르도 다빈치의 육필 원고가 전시돼 있으며, 화장실 24개와 부엌 6개, 120명이 식사할 수 있는 식당과 실내 수영장 등이 구비돼 있습니다. 그는 1994년 1월 자기 회사 직원인 멜린다 프렌치와 결혼했을 때 세상 사람들은 놀라움을 금치 못했습니다. 컴퓨터 천재이며, 촉망받는 젊은 CEO이며, 세계 최고의 부자인 그가 선택한 여인이 의외로 외모도 그저 그렇고, 집안도 그저 그런 너무나 평범한 여인을 선택했기 때문입니다.

우리는 빌 게이츠 하면 세계 최고의 갑부로만 알고 있는데, 그가 세계 최고의 자선가라는 사실을 알고 계십니까? 1999년 이후 2003년까지 5년간 게이츠 부부가 재단을 통해 기부한 돈은 자그마치 230억 달러(우리 돈으로 27조원)에 이르는 어마어마한 금액이라 합니다. 그의 전 재산의 반을 기부에 써온 셈이 됩니다. 그러나 빌 게이츠가 그의 아내 멜린다 프렌치 게이츠를 만나기 전까지는 전혀 그렇지 못한 사람이었다고 합니다.

멜린다는 텍사스 주 댈러스 교외에서 태어나 엄격한 가톨릭 집안에서 자랐습니다. 듀크대학에서 컴퓨터공학 학사와 경영학 석사(MBA) 학위를 차례로 취득하고, 1987년에 마이크로소프트에 입사해 1993년 결혼할 때까지 프로그램 매니저로 일했습니다. 멜린다가 제3세계 저개발 국가의 헐벗고 굶주리는 사람들을 돕겠다고 나서게 된 계기는 93년 아프리카 여행에서 비롯됐습니다. 멜린다는 여행 중 흙길을 맨발로 걸어가는 여성들의 모습을 보고 큰 충격을 받았습니다. 아무리 눈을 씻고 둘러봐도

도대체 신발을 신은 여성을 찾을 수가 없었습니다. "아프리카는 나를 영원히 변화시켰다"고 그녀는 회고했습니다.

멜린다는 지난 2000년 게이츠 밀레니엄 장학 프로그램을 발표하는 기자 회견장에서, 우주항공 기사로 일하던 그녀의 아버지가 자신을 가르치기 위해 얼마나 큰 희생을 감수해야 했는지를 회상하며, "재능이 있는 학생에게는 비용을 아끼지 않고 후원하겠다" 고 말했습니다. 빌 앤 멜린다 게이츠 재단은 98년 한국이 유치한 국제백신연구소(IVI)에 개도국 어린이를 위한 백신 개발 연구기금으로 1억 달러를 내놓은 바 있습니다. 멜린다는 독점 시비에 휘말리고, 기업 사냥꾼이라는 일부의 손가락질을 받던 빌 게이츠를 결국 세계 최고의 자선사업가로 변화시켰던 것입니다. 우리는 마이크로소프트사의 아이디어가 좋아 세계 최고의 회사가 된 줄 알지만, 사실 그들은 이렇게 많은 자선을 하고 있기에, 하나님은 그 회사에 복을 주어 세계 최고의 회사와 부자가 되게 하셨던 것입니다.

강철 왕 앤드류 카네기는 너무도 가난하게 태어났고, 52세나 되어서야 결혼했으며, 첫 아이는 62세에 낳았습니다. 그는 강철을 통해 돈을 많이 벌었는데, 그 돈으로 공공 도서관에 6,000만

불, 교육제도 개선을 위해 7,000만 불을 기부했고, 각 개 교회에 전자오르간 7,000대를 기증하는 등 하나님과 인류를 위해 돈을 사용했습니다. 그가 남긴 유명한 말이 있습니다. "돈을 남기고 죽는 것은 수치다. 다 하나님과 이웃을 위해서 쓰고 죽어야 한다."고 말했고, 실제로 말한 그대로 실천했습니다.

어느 신문기자가 카네기에게 "만일 당신이 재산을 모두 잃는다면 어떻게 하겠습니까?" 하고 묻자 그는 이렇게 대답했습니다. "또다시 모든 사람에게 필요하고, 모든 사람을 유익하게 하는 것을 만들면 됩니다." 하나님이 이렇게 카네기에게 많은 부를 허락하신 것도 결국 그가 하나님과 이웃을 위해 살았기 때문입니다. 우리 나라는 현재 세계적인 회사가 없고 세계적인 부자가 없습니다. 그 이유는 기업하시는 분들이 하나님과 이웃을 위해 살지 않기 때문입니다. 그러나 세계적인 부자들은 그렇지 않았습니다.

그들은 다 하나님과 이웃을 위해 기업을 했고, 또한 그렇게 살았습니다. 그러자 하나님은 그들에게 보상이라도 하시듯 그들을 세계 최고의 갑부로 만들어 주셨습니다. 그러므로 우리가 세계 최고의 갑부가 되시길 원하시면 이웃과 하나님을 위해 사시길 바랍니다. 그러면 록펠러와 빌 게이츠, 카네기처럼 엄청난 복들을 받게 될 것입니다.

넷째, 다른 사람의 일을 내 일처럼 해야 합니다

세계적으로 성공한 사람들의 공통적인 특징 중 하나가 있다면 그것은 샐러리맨 시절에 남의 일을 자기 일처럼 열심히 했다는 것입니다. 록펠러는 16세 때 일자리를 구했지만, 여러 번 거절 당했습니다. 결국 몇 번의 도전 끝에 회사에 입사하게 되었습니다. 그는 처음 입사한 날을 평생 잊지 않았고, 그 날은 성조기를 달고 항상 파티를 했다고 합니다. 그는 말하길 "9월 26일은 나에게 정말 중요했어요. 난생 처음으로 혼자서 생계를 유지할 수 있는 돈을 벌기 시작한 날이었으니까요"라고 했습니다.

그는 그곳에서 4년 동안 아침 6시에 출근해 점심은 책상에서 대충 때우고, 저녁 식사 시간이 지나서 퇴근을 했고, 밤늦게까지 야근을 한 적이 일주일에 몇 번은 되었다고 했습니다. 그는 4년 동안 쥐꼬리만한 월급을 받았지만, 불만 없이 아주 성실하게 자기 일처럼 일했습니다. 그리고 4년 후 개인 사업을 하기 시작해서 후에 석유 왕이 되었습니다. 이와 같이 록펠러도 직원으로 있을 때 요령 피우지 않고 성실하게 일했던 것입니다.

「한국의 부자들」이라는 책을 보면, 부자들은 처음에 다른 사람 밑에서 일할 때 월급만 받기 위해 일하지 않았고, 자기가 회사의 대표라는 입장에서 생각하고 일을 처리했다고 합니다. 그러나 대부분의 사람들은 회사 일이 자기 일이 아니고, 남의 일처럼 여기며 일한다고 합니다. 그런데 남의 일을 대충하는 사람들은 후에 자기 일을 해도 역시 똑같이 대충한다고 합니다.

부자들의 성공 방법 중 하나는 남의 밑에서 일을 할지라도 그들은 그것을 자신의 사업으로 생각하고 적극적으로 일했다고 합니다. 그러므로 내가 최고 부자가 될 수 있는 자질이 있는지 없는지는 당신이 샐러리맨으로 있을 때 얼마나 최선을 다했느냐, 안 했느냐로 평가할 수 있습니다.

서양 속담에 "자식을 망치기 쉬운 방법은 자식이 원하는 모든 것을 갖도록 해주는 것이다"라는 말이 있습니다. 자수성가한 부자들은 자녀들에게 자신의 재산을 그냥 물려주기보다는, 한 5년 정도 샐러리맨을 거쳐 세상 물정을 알게 되면 그때 독립을 시켜 주든지, 아니면 사업을 물려주든지 한다고 합니다. 왜냐하면 자녀가 성공할 것인지, 성공하지 못할 것인지가 바로 이 샐러리맨 시절에 정해지기 때문입니다. 샐러리맨 시절에 회사 일을 내 일처럼 하면 그는 성공할 것이지만, 그렇지 않고 회사 일을 남의 일처럼 취급하면 그는 자기 사업을 해도 남의 일처럼 하기 때문에 반드시 실패한다는 것입니다.

다섯째, 손님만 왕으로 대하는 것이 아니라 직원도 왕으로 대하여야 합니다

"고객을 왕처럼 모셔라"라는 말을 최초로 사용한 사람이 있는데 그가 바로 존 워너 메이커입니다. 그런데 워너 메이커의 또 다른 영업 방법은 손님만 왕으로 대한 것이 아니라 백화점 직원도 왕으로 대했다는 것입니다. 당시로서는 파격적인 대우를 사원들에게 해주었는데, 그는 사원들을 위해 정시 출근과 정시 퇴근, 토요일 오전 근무, 주일 휴무, 보너스, 최상의 월급과 복지시설과 휴양지까지 만들었다고 합니다. 오늘날도 이렇게 직원을 왕처럼 대하는 회사는 없을 것입니다. 그래서 워너 메이커의 백화점 점원들은 한 번 취직을 하면 평생 직원이 될 정도로 이

직하는 사람들이 없었다고 합니다. 사원들은 진심으로 워너 메이커를 존경했고, 워너 메이커는 그들에게 칭찬을 아끼지 않았다고 합니다. 그래서 그가 세상을 떠날 땐 필라델피아의 시청에 조기를 계양할 정도로 존경했다고 합니다. 우리가 부자가 되고 다른 사람에게 존경을 받으려면 바로 이렇게 손님뿐 아니라 사원과 이웃을 왕으로 대해야 합니다. 그래야 부자가 될 수 있습니다. 직원을 무시하고 함부로 대하면 절대로 큰 부자가 될 수 없습니다.

우리는 영업하면 물건만 파는 것이 영업인 줄 아는데, 진정한 영업 왕은 물건만 잘 팔아 왕이 되는 것이 아니라 동료나 후배나 상사에게 영업을 잘하는 사람이 진정한 영업의 왕입니다. 다시 말해 회사의 상사나 동료나 후배는 다 고객이며, 영업의 대상이기 때문입니다. 만약 이들과 적을 두게 된다면 구조 조정시 제1대상이 됩니다. 그러므로 진정한 영업 왕이 되고 싶다면 사람에게 투자하시길 바랍니다. 그러면 당신도 영업 왕이 될 수 있습니다.

모든 사람을 왕으로 취급하는 워너 메이커와 같은 사람이 진정한 영업의 왕입니다. 이렇게 사람에게 투자하면 당장은 손해를 보게 되지만, 시간이 지나면 이익을 보게 된다는 것이 영업 왕의 주장입니다. 왜냐하면 이들이 후에 다른 사람을 소개시켜 주기 때문입니다. 이렇게 할 때 바로 나의 열성 팬이 생기게 되기 때문입니다. 그래서 영업을 잘하는 사람은 영업을 연애하는 것과 똑같은 것이라고 말합니다. 그의 말에 의하면 연애를 잘하는 사람이 사회 생활을 잘하고 영업도 잘한다는 것입니다. 왜냐하면 연인 사이일지라도 자꾸 챙겨주고, 자주 만나야 가까워지는 것 같이, 영업도 그렇게 사람에게 투자할 때 내 사람이 되고, 다른 사람을 소개시켜 주기 때문입니다. 그는 말하길 주는 만큼 반드시 받는다는 것입니다. 그러면 반드시 열성 팬이 생기게 되고, 그들이 후에 영업을 대신해 준다는 것입니다. 그러므로 워너 메이커처럼 손님과 직원을 왕으로 섬기면 결국 영업을 하든, 사업을 하든, 아니면 무엇을 하든지 성공할 수 있습니다.

여섯째, 비오는 날도 열심히 영업을 해야 합니다

샐러리맨으로 연간 3억 이상을 버는 사람이 있는데, 그는 샐러리맨이 돈 벌 수 있는 최고의 자리는 영업이라고 합니다. 어떤 사람들은 "월급쟁이 신세"라고 한탄하는데, 이는 스스로의

가능성을 좀먹는 마약이라는 것이 그의 주장입니다. 그의 고객 공략법은 주로 비오는 날 방문한다는 것입니다. 다른 사람들은 비가 오면 쉬는데, 그는 오히려 비가 오면 기회라 생각하고 방문한다는 것입니다. 비가 오면 사람들은 거의 다 집에 있고, 다른 사람과 약속도 잡지 않고, 어디 가지도 않는다는 것입니다. 그래서 비오는 날 방문하면 편하게 만날 수 있고, 깊은 대화도 나눌 수 있다는 것입니다. 처음 방문해 보험 이야기를 꺼내면 십중팔구는 잡상인 취급을 하지만, 시간을 두고 설득하면 결국 10명 중 3명에게서는 오더를 받아낼 수 있다고 합니다.

제가 전도를 해 보니까 전도도 역시 똑같았습니다. 우리는 눈이 오거나 비가 내리거나 날씨가 궂으면 전도하러 가지 않으려 하는데, 이럴 때 사실 모든 사람이 다 집에 있는 것입니다. 그러므로 그때 방문하면 틀림없이 여유 있게 대화도 나누며 전도도 할 수 있습니다.

일곱째, 좋은 인간관계를 맺어야 합니다

부자들의 특징 중 하나는 폭넓은 인맥을 가지고 있는 것이라고 합니다. 고 정주영 회장은 좋은 인간관계를 위해 폭넓게 친구를 두려고 노력했다고 합니다. 그는 정계뿐 아니라 문화계, 화가, 연기자, 구멍가게 주인과 포장마차 주인까지도 가깝게 지냈다고 합니다.「한국의 부자들」이란 책을 보면 부자가 되기 위해 가져야 할 5가지 덕목으로, 첫째로 성실함, 둘째로 좋은 습관, 셋째로 좋은 인맥, 넷째로 얼굴이 밝아야 하고, 다섯째로 성공에 대한 집착이 있어야 한다는 것입니다. 그런데 이 5가지 덕목 중 하나가 바로 인맥입니다. 부자들의 주위엔 언제나 남의 도움을 받을 수 있는 인적 네트워크가 포진돼 있다고 합니다. 부자들은 바로 이런 인적 네트워크를 통해 빠르고 정확한 정보를 입수해 투자한다고 합니다. 그들은 이런 인적 네트워크를 유지하기 위해 베풀며 노력한다고 합니다.

저의 책 「이젠 돈 걱정 끝」에 보면 물질론의 기본 구도가 나옵니다. 저는 이 책에서 이 물질론의 기본 구도를 여러 가지 핵심 중 하나로 다루고 있는데, 그 중에서 돈은 사람과 관계되었기 때문에 좋은 인간관계를 맺지 않으면 물질 문제는 해결되지 않는다고 했습니다.

마이크 머독은 솔로몬에 대해 말하길 "솔로몬은 덕을 베풀어 두터운 인간관계를 쌓을 줄 아는 사람이었다"고 했습니다. 그가 뛰어난 왕이 될 수 있었던 것은 바로 이 두터운 인간관계 때문이었는데, 그는 이 인간관계를 유지하기 위해 베푸는 덕을 쌓았다고 합니다. 그러므로 우리는 인간관계의 중요성을 결코 과소평가 해서는 안 됩니다. 왜냐하면 성공한 사람들은 주위 사람들을 결코 무시하지 않았고, 오히려 그들을 깊이 사랑했기 때문입니다.

마이크 머독은 말하길 성공한 사람들은 인간관계에 10가지 원칙을 가지고 사는데, 그 10가지 원칙이란 다음과 같습니다.

1. 다른 사람의 도움이 없이는 살 수 없다는 것을 안다.
2. 성공이 곧 인간관계의 결합체로 이루어지는 것임을 안다.
3. 다른 사람의 말에 귀를 기울이려는 마음 자세를 갖고 있다.
4. 사람은 칭찬을 좋아한다는 것을 알고, 다른 사람을 칭찬으로 다스리려 노력한다.
5. 내 주위의 사람은 내 문제의 해답을 가지고 있다는 것을 안다.
6. 미천하다고 생각되는 사람에게도 아이디어가 나올 수 있다는 것을 안다.
7. 재능 있는 사람을 단번에 알아볼 수 있다.
8. 인간관계에 성공한 만큼 인생에서도 성공할 수 있다는 것을 안다.
9. 진실한 우정이 뭔가를 알고 있기에 서로에게 힘을 주기 위해 노력한다.
10. 힘을 더해 주는 친구가 좋은 친구라는 것을 안다.

여덟째, 시간을 중요시 해야 합니다

마이크 머독은 성공한 사람들과 실패한 사람의 차이를 시간 관리로 보았습니다. 그는 말하길 "나는 비참하게 사는 사람들 중에서 시간 관념을 갖고 사는 사람을 단 한 명도 만나보지 못했다. 그리고 부유하게 사는 사람들 중에서 시간 관념이 없는 사람을 만나보지 못했다"라고 말한 것 같이 부유한 사람과 가난하고 실패한 사람의 특징은 바로 시간 관리를 잘하느냐 잘하지 못하느냐에 달려 있습니다. 시간 관리에 실패한 자가 결국 인생에 실패한 것이며, 시간 관리에 성공한 자가 바로 인생에서 성공하는 것입니다. 이처럼 시간 관리는 성공과 실패의 분수령입니다.

저는 3박4일이면 책 한 권을 씁니다. 사람들은 어떻게 그렇게 쓸 수 있느냐고 놀랍니다. 그러나 놀랄 것이 없습니다. 왜냐하면 저는 벌써 책을 쓰겠다는 마음으로 20년 동안 수많은 자료를 만들어 놓았기 때문입니다. 제가 만들어 놓은 그 자료들을 일렬로 모아 퍼즐을 맞추면 책이 되기 때문에 쉽게 책을 쓸 수 있는 것입니다. 저는 단 하루라도 아무것도 하지 않고 있으면 엉덩이가 쑤시고, 불안해서 견디지를 못합니다. 그래서 시간이 되면 놀지 않고 책을 보고, 묵상을 하고, 정리를 했습니다. 그래서 저는 공부하는 일이 놀고 쉬는 것이라고 농담으로 말하기도 합니다. 그 정도로 끊임없이 책을 보고 정리하고, 묵상했기에 3박4일이면 책을 쓸 수 있는 것입니다.

또한 미국의 위대한 정치인이자 외교관인 벤자민 프랭클린은 말하길 "시간은 돈임을 잊지 말아라. 신용이 돈임을 잊지 말아라, 빌려온 돈을 약속된 날에 꼭 갚아라, 부지런히 일해라, 돈이 있다고 무조건 물건을 사서 낭비하는 일을 하지 말아라"라고 말 했습니다. 그는 시간에 대하여 "시간이 돈임을 잊지 말라" 하며 헛되이 시간을 보내지 말라고 했습니다. 이처럼 성공한 사람들 은 시간을 돈처럼 여겼습니다.

짐 도너번은 "인생은 리허설이 아니라 실전이다"라고 말하면 서 시간을 헛되이 보내지 말라고 했습니다. 그러므로 성공하고 싶으면 헛된 시간을 보내지 마시기 바랍니다.

아홉째, 서두르지 않아야 합니다

마이크 머독은 솔로몬이 성공할 수 있었던 원인은 서두르지 않았기 때문이라고 했습니다. 그는 성전을 건축하는 데 7년을 기다릴 정도로 서두르지 않았다고 합니다. 저는 동행의 원리를 굉장히 중요하게 여깁니다. 왜냐하면 성도들에게서 "저는 음성 도 들었고 환상도 보았어요. 그런데 왜 실패했는지 모르겠습니 다" 하는 소리를 가끔 듣기 때문입니다. 그 이유는 바로 동행의 원리를 몰라서 그렇습니다. 동행의 원리를 모르면 음성을 듣고,

응답을 받았다 해도 실패할 수 있기 때문입니다.

　우리나라에서는 동행의 원리를 잘못 가르쳐 주고 있습니다. 성경에는 우리가 가르쳐 주는 것 같이 동행하라고 하지 않습니다. 주님은 요한복음 10장을 통해 말씀하시길 "양들이 나를 따를 것이요"라고 하셨습니다. 결코 "양들이 나의 옆에서 동행할 것이다"라고 말하지 않습니다. 그러나 우리나라에서 가르쳐 주는 동행은 주님의 옆에서 따르는 것입니다. 이것은 이론상 맞는 동행입니다. 그러나 문제나 사건이 생기면 동행을 하지 못하고, 주님보다 한 발 앞서 나갑니다. 그래서 실패하는 것입니다.

　그러나 성경은 양들이 뒤에서 따를 것이라 했지, 언제 내 옆에서 나와 같이 동행한다고 했느냐는 것입니다. 성경은 분명히 "양들이 뒤에서 나를 따를 것이라" 하고 있습니다. 우리가 성경 말씀대로 뒤에서 주님을 따른다면 인생에서 결코 실패하는 일은 없을 것입니다. 왜냐하면 주님 옆에서 함께 가다가 만약 문제나 사건이 생기면 우리는 한발 앞서 가게 됩니다. 그러나 주님의 뒤에서 따르는 양은 사건이 생길 때 한발 앞서 갔다고 해서 주님보다 먼저 가는 것이 아니라, 이제 진짜 주님과 동행하는 것이 되기 때문입니다.

그러므로 주님의 뒤를 좇아가는 동행은 절대로 실패하지 않는 것입니다. 저는 많은 실패를 경험하고, 이 동행의 원리를 성경에서 배웠습니다. 그래서 지금은 주님의 뒤를 좇아가는 동행을 하지, 주님보다 한발 앞서는 동행은 하지 않습니다. 그런데 이렇게 주님의 뒤를 좇아가는 동행을 하고 나서는 거의 실패하는 경우가 없었습니다. 사실 이렇게 동행을 하다 보면 답답합니다. 왜냐하면 다른 사람들은 저 멀리 가 있기 때문입니다. 마치 나만 뒤처져 가는 것 같습니다. 그러나 이렇게 주님의 뒤를 좇아가는 동행을 하면 5년 내지 10년이 뒤질지는 모르지만, 5년에서 10년이 지나면 그 누구도 따라 오지 못할 만큼 멀리 가 있습니다. 그리고 나보다 앞서 갔던 사람들은 몇 년 후에 결국 주님보다 앞서 갔기에 올무에 걸려 허덕이게 되는 것입니다.

솔로몬과 성공한 사람들은 결코 서두르는 법이 없었습니다. 그래서 그들은 성공했습니다. 이렇게 주님의 뒤를 좇아가다 보면 구름기둥과 불기둥이 움직이는 것과 같은 사인이 옵니다. 그러면 그때 움직이면 되는 것입니다. 그러면 안전하게 목적지에 도달하게 됩니다. 저는 동행의 원리에서 가장 중요시 여기는 것이 바로 사인이라 봅니다. 어떤 분들은 "목사님, 하나님의 뜻이 어디 있습니까?" 하고 묻습니다.

그때 저는 말합니다. "하나님의 사인을 기다리고 움직이세요. 사인이 오기 전에는 움직이지 마세요" 하고 말합니다. 그러면 그 사인이 어떻게 오느냐고 묻습니다. 그때 저는 "아무리 미련한 사람도 알 수 있게 그 사인은 옵니다." 하고 말합니다. 결코 서두르지 말고 이렇게 구름 기둥인 사인을 기다리며 움직여 보시길 바랍니다. 그러면 여러분 인생에서 실패는 없고 성공만 있게 될 것입니다.

저는 계획을 세우면 거의 계획했던 대로 진행됩니다. 그런데 이렇게 되기까지는 하나님보다 앞서 가는 실패를 많이 경험했습니다. 그러나 이제는 결코 서두르지 않습니다. 서두르지 않으니까 계획대로 일이 잘 되어 가는 것입니다. 그러므로 여러분도 서두르지 마시기 바랍니다. 우리로 하여금 서두르게 하는 존재들은 언제나 사기꾼이며 마귀라는 사실을 알아야 합니다. 마귀는 서두르게 해서 하나님과 동행하지 못하게 합니다. 그러므로 솔로몬과 부자들이 서두르지 않았던 것 같이 서두르지 마시길 바랍니다.

열 번째, 실패를 인생의 수업료로 생각해야 합니다

부자 100명 중 81명이 실패를 경험했다고 합니다. 그런데 이들이 한결같이 "실패라는 수업료를 치르지 않았다면 세상에 대한 안목을 가질 수 없었다"라고 말합니다. 그들은 그러면서 세상에는 거저 얻어지는 것이 없다고 하며 실패를 성공의 큰 경험으로 생각합니다.

그런데 부자들은 그 실패로 인해 좌절하거나 인생을 포기하지 않고, 그 실패의 원인을 정확히 분석해 두 번 다시 똑같은 실패를 하지 않는다는 것이 보통 사람과 달랐습니다.

에디슨이 백열등의 필라멘트를 발명할 때의 이야기입니다. 그의 조수가 "선생님, 필라멘트를 발명하려고 벌써 90가지의 재료로 실험을 해 보았지만 모두 실패했습니다. 결국 필라멘트를 발명한다는 것은 불가능한 일인 것 같으니 중지하는 것이 어떻겠습니까?"라고 제안했다고 합니다. 그러나 에디슨은 다음과 같이 말했습니다. "무슨 소리야? 자네는 그것을 왜 실패로 생각하나! 우리들은 실패한 것이 아니고, 안 되는 재료가 무엇인가를 90가지나 알아낸 아주 성공적인 실험이었다네!" 이러한 생각과 끈기로 그때 그가 실험하다 버린 쓰레기 더미가 무려 2층 건물의 높이만큼 되었다고 합니다.

연구를 시작한 지 13일째 되던 날, 2399번의 실패를 거쳐 2,400번만에 드디어 전류를 통해도 타지 않고 빛을 내는 필라멘트를 만드는 데 성공했다고 합니다. 그때 에디슨은 이렇게 말했습니다. "누구에게나 2,400번의 기회는 있을 것이다." 오늘날 우리가 저녁에 밝은 세상을 볼 수 있는 것은 바로 실패 끝에 얻어낸 그의 성공 때문입니다. 에디슨은 이렇게 실패를 성공을 위한 기회로 여겼으며, 실패를 성공의 어머니로 만들었던 것입니다. 이와 같이 성공한 사람들과 부자들은 실패를 성공의 기회로 생각했던 것입니다. 그래서 그들은 성공할 수 있었습니다.

어느 날 어떤 성도가 목사님을 찾아갔습니다. 그 성도는 투자를 잘못하여 엄청난 돈을 날렸습니다. 그때 그 목사님은 "성도님! 당신은 인생의 수업료를 다른 사람보다 더 많이 지불한 것이지 결코 실패한 것이 아닙니다"라고 했답니다. 그는 돌아가서 열심히 일해 결국 성공했다고 합니다. 여러분, 실패는 인생이란 대학에 등록금을 다른 사람보다 더 많이 지불한 것에 지나지 않는 것입니다.

크게 실패했다는 것은 인생의 대학원에 많은 돈을 등록금으로 지불한 것으로 생각해야 합니다. 박사학위라는 것이 무엇입니까? 그것은 다른 사람보다 더 많은 시간과 돈을 들여 공부해 얻어낸 학위가 아닙니까? 마찬가지입니다. 실패는 인생이라는 대학에 등록금을 좀 더 많이 지불한 것에 지나지 않습니다. 그러므로 이렇게 생각해야 합니다. 내가 다른 사람보다 돈을 더 많이 들여 인생공부를 했으니, 나는 이제 세상을 잘 아는 박사라고 말입니다. 인생 등록금을 많이 냈다는 것은 곧 그만큼 다른 사람보다 이제 더 크게 성공할 수 있다는 뜻이라고 생각해야 합니다. 실패가 실패가 아닙니다. 실패하고 재기하지 못하는 것이 진짜 실패인 것입니다.

열한 번째, 원칙에 의해 움직여야 합니다

부자들에게는 그 나름대로의 원칙이 있다고 합니다. 그들은 그 원칙을 철저히 지킵니다. 만약 자기들이 정해 놓은 원칙이 무너지면 그들은 큰 혼란에 빠진다고 합니다. 그래서 그들은 자기들이 정해 놓은 원칙에 의해 움직이고 투자한다고 합니다. 그러므로 여러분들도 부자가 되고 싶으시면 원칙을 정해놓고 사시고 행동하시길 바랍니다.

열두 번째, 부자가 되기 위해서는 인플레이션을 계산해야 한다

　인플레이션은 인생에서 피할 수 없는 현실입니다. 일 년에 7% 물가가 상승한다는 것을 감안하고 투자를 해야 합니다. 현대의 고 정주영 회장도 이것을 계산하지 못해 큰 적자를 본 적이 있다고 했습니다. 그러므로 투자를 할 때는 반드시 인플레이션보다 수입이 높은 것을 선택해야 합니다. 부동산이나 주식을 투자할 때도 역시 연 7% 인플레이션을 감안해 투자해야 합니다. 그래서 부자들은 반드시 투자할 때 연 7% 상승하는 인플레이션을 감안해서 투자 대상을 선정하고 투자한다고 합니다. 그러므로 여러분들도 투자할 때 반드시 연 7% 이상 인플레이션이 발생한다는 것을 아시고 투자에 임하시길 바랍니다.

열세 번째, 메모하는 자가 성공합니다

「종이 위의 기적, 쓰면 이루어진다」라는 책의 저자는 말하길 "당신이 하고 싶은 것이 있으면 종이에 기록해 놓으세요. 그러면 언젠가는 그것이 반드시 이루어집니다. 때로는 그 해 안에 이루어지기도 하지만 때로는 조금 늦게 이루어지기도 하고, 목표한 것이 이루어지지 않더라도 그러나 그와 같은 업종에서 일하게 될 것입니다"라고 했습니다. 그의 말에 의하면 종이 위에 기록하고 쓴 것은 반드시 이루어진다는 것입니다. 그러므로 당신의 꿈과 희망이 있으면 다른 사람이 비웃더라도 쓰시길 바랍니다.

세계적으로 유명한 사람들에게도 춥고, 배고팠던 시절이 있었는데 짐 캐리도 그랬었다고 합니다. 그는 영화배우가 되겠다는 청운의 꿈을 품고 미국으로 건너왔지만, 무명시절에 너무나 가난했기 때문에 한동안 집도 없이 지내야만 했다고 합니다. 그러던 어느 날, 그는 '이렇게 살아갈 순 없다'는 생각에 무작정 할리우드에서 가장 높은 산으로 올라갔다 합니다. 그러고는 그곳에서 종이에 '출연료'라고 쓰고 스스로에게 천만 달러를 지급했다고 합니다. 그는 이것을 5년 동안 지갑에 넣고 다녔다고 합니다. 그런데 5년 후에 놀라운 일이 일어났는데, 짐 캐리가 '덤 앤 더머'와 '배트맨'의 출연료로 자신이 예전에 스스로에게 지급했던 금액보다 훨씬 더 많은 1,700만 달러를 받았다고 합니다. 이제 그는 영화 한 편당 2천만 달러의 출연료를 받는, 가장 비싼 출연료를 받는 배우 중의 한 명이 되었다고 합니다. 이와 같이 메모하면 그대로 이루어집니다.

또한 이 책에서는 메모를 생활화하라고 말합니다. 그래서 어디를 가든지 항상 메모지를 준비해 가지고 다니라는 것입니다. 그리고 어떤 아이디어나 영감이 오면 꼭 기록하라고 합니다.

록펠러는 약속을 잘 지키고, 신용 있는 자로 정평이 나 있는

데, 그가 그렇게 약속을 잘 지키고 신용 있는 자가 된 데는 그만한 이유가 있었습니다. 그는 언제나 작은 노트를 가지고 다니며 수시로 세세한 부분과 수치와 새로 떠오른 사업 아이디어를 적었다고 합니다. 그의 이런 메모 덕분에 그는 사람들과 약속을 잘 지켰던 것입니다.

또한 존 워너 메이커 역시 메모광이었습니다. 그도 역시 순간적으로 떠오르는 영감을 정리하기 위해 항상 수첩을 주머니에 넣고 다녔고, 잠자리에 들 때도 항상 머리맡에 메모지를 준비해 놓고 잤습니다. 그래서 그런지 당시 그의 광고 기법은 누구도 흉내 낼 수 없는 기법이었다고 합니다. 그가 평생 얼마나 많이 메모를 했든지, 그가 죽고 난 후 가족들이 그의 유품을 정리하였는데 그때 발견된 메모가 100 박스가 넘었다고 합니다.

이렇게 메모를 하면 「종이 위의 기적, 쓰면 이루어진다」 라는 책에서 말하는 것과 같이 그렇게 쓴 대로 이루어지기도 하겠지만, 그러나 그보다 더 중요한 것은 영감을 놓치지 않을 수 있다는 장점과 록펠러처럼 약속과 신용을 잘 지킬 수 있게 되는 것입니다.

세계적인 부자들은 이렇게 메모광이었습니다. 그러므로 세계적인 부자가 되고 싶다면 메모하는 습관을 가지시길 바랍니다.

열네 번째, 어리석은 자를 바로잡기 위해 시간을 허비하지 않습니다

부자들의 특징 중 하나는 그들은 어리석은 자들을 바로잡기 위해 노력하는 것을 아주 쓸데없는 것으로 알고, 그들을 교육시키고, 용기를 심어주고, 심지어는 그들과 말하는 것조차 싫어합니다. 또한 그들은 어리석은 사람과는 그 어떤 관계를 맺는 것조차도 단호하게 거부합니다. 그래서 그들은 한 번 신뢰를 깨뜨린 사람들은 거들떠보지도 않습니다. 다시 말해 그들은 배신자들에게는 두 번 다시 기회조차 주지 않습니다.

세계적 부호 14인이 말하는 자신들만의 성공전략

1. 먼저 시장을 선점한다.
2. 역사에 남을 만한 모험을 한다.
3. 사업을 통합한다.

4. 즐겁게 거래한다.

5. 머릿속에 구상 중인 전략이 현실에서 돈이 되게 한다.

6. 규칙은 깨어지기 마련이라고 생각한다.

7. 때론 모방이 혁신보다 유용하다고 믿는다.

8. 성장을 지속시킨다.

9. 고생은 기본이라고 생각한다.

10. 금융수단을 이용할 줄 안다.

11. 다른 길도 염두에 둔다.

12. 실패는 성공의 어머니이다. 그러나 똑같은 실수를 반복하진 않는다.

13. 즐겁게 일한다.

14. 때로는 철면피가 될 필요도 있다.

 그들은 이렇게 부자가 되었다

어리석은 자들의 특징

첫째, 스스로 벌지 않은 것을 원한다.
둘째, 스승들의 조언을 무시한다.
셋째, 실수에 대한 명백한 증거가 있어도 인정하지 않는다.
넷째, 누구에게도 조언을 구하지 않는다.
다섯째, 친구와 적을 혼동한다. 예를 들어 친구의 말보다 어
　　　리석은 자들의 말에 더 귀를 기울인다.
여섯째, 자신을 가장 신뢰하는 사람을 배반한다.